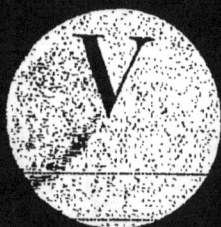

ÉTUDES

SUR

T DE CONDUIRE LES TROUPES

PAR

VERDY DU VERNOIS

COLONEL CHEF D'ÉTAT-MAJOR DU 1ᵉʳ CORPS D'ARMÉE

DEUXIÈME VOLUME

LA DIVISION DE CAVALERIE FAISANT PARTIE D'UNE ARMÉE

PREMIÈRE PARTIE

AVEC CINQ PLANCHES

TRADUIT DE L'ALLEMAND

Par A. MASSON, capitaine d'État-major

BRUXELLES

LIBRAIRIE MILITAIRE C. MUQUARDT

MERZBACH & FALK, ÉDITEURS, LIBRAIRES DE LA COUR

MÊME MAISON A LEIPZIG

PARIS, J. DUMAINE

30, RUE ET PASSAGE DAUPHINE

1874

L'ART

DE

CONDUIRE LES TROUPES

TYPOGRAPHIE DE M. WEISSENBRUCH

IMPRIMEUR DU ROI

RUE DU MUSÉE, 11, A BRUXELLES

ÉTUDES

SUR

L'ART DE CONDUIRE LES TROUPES

PAR

VERDY DU VERNOIS

COLONEL CHEF D'ÉTAT-MAJOR DU 1ᵉʳ CORPS D'ARMÉE

DEUXIÈME VOLUME

LA DIVISION DE CAVALERIE FAISANT PARTIE D'UNE ARMÉE

PREMIÈRE PARTIE

AVEC CINQ PLANCHES

TRADUIT DE L'ALLEMAND

Par A. MASSON, capitaine d'État-major

BRUXELLES

LIBRAIRIE MILITAIRE C. MUQUARDT

MERZBACH & FALK, ÉDITEURS, LIBRAIRES DE LA COUR

MÊME MAISON A LEIPZIG

PARIS, J. DUMAINE

30, RUE ET PASSAGE DAUPHINE

1874

TABLE DES MATIÈRES

PLANCHES.

PRÉFACE

— ◦◊◦ —

La dernière campagne a fourni à la cavalerie l'occasion de réfuter certains préjugés qui s'étaient élevés, dans ces derniers temps, sur son utilité.

Quelle que soit cependant l'habileté qu'elle ait déployée en maintes circonstances, tout ce qu'elle a pu faire de saillant ne doit être considéré que comme un début dans le nouveau rôle auquel elle est appelée aujourd'hui. Les exigences qui s'imposent à cette arme tout entière ont considérablement grandi, elles ne regardent pas la cavalerie seule, mais bien aussi le commandement supérieur des troupes.

Depuis la dernière guerre, on s'est mis résolûment à l'étude et de sérieux efforts ont été faits, mais jusqu'à présent, on n'est pas même encore parvenu à s'entendre sur les points principaux. C'est là une raison de plus pour ceux qui s'intéressent à cette question encore pendante de s'en occuper sans relâche. Tel est aussi le motif qui a donné lieu aux études suivantes. En les livrant à la publicité, j'ose espérer que mon concours sera de quelque utilité pour éclaircir certaines idées encore en litige.

Königsberg, le 24 décembre 1875.

V. VERDI.

LE 29 JUILLET.

Le 29 juillet 1870, la 3ᵉ armée allemande, forte de 5 corps d'armée et d'une division de cavalerie, se rassemblait dans le Palatinat bavarois ainsi que dans le grand-duché de Bade.

En première ligne, les 5ᵉ et 11ᵉ corps prussiens se concentraient à Landau et à Germersheim, ayant leurs avant-gardes à Billigheim et à Rheinzabern ; en deuxième ligne, les 1ᵉʳ et 2ᵉ corps bavarois se concentraient à Spire et à Neustadt ; un détachement du 2ᵉ corps bavarois occupait la route de Pirmasens à Deux-Ponts.

Les divisions wurtembergeoise et badoise se trouvaient sur la rive droite du Rhin, à Carlsruhe et au nord de la ville.

La 1ʳᵉ division de cavalerie occupait des cantonnements dans le rayon des deux corps prussiens.

On savait qu'une armée du sud ennemie se formait en Alsace.

Cette armée devait se composer du 1er corps et comprendre 4 divisions d'infanterie et une division de cavalerie, ainsi qu'une division de réserve qui se formait à Belfort, et enfin une division de réserve de cavalerie qui était déjà en marche pour rejoindre le premier corps.

Les autres armées des deux puissances belligérantes se rassemblaient à l'ouest de Mayence et se portaient sur la Sarre, les unes à l'est de Metz, les autres par le pays compris entre la Nahe et la Moselle.

SITUATION PARTICULIÈRE DE LA 1re DIVISION DE CAVALERIE. (Planche 1.)

Aucun des corps d'armée de la 3e armée n'avait encore terminé sa concentration. Mais le transport de la 1re division de cavalerie à la frontière était déjà terminé le 29 juillet, et cette division, complètement formée, était prête à marcher.

Elle comptait 24 escadrons et 12 pièces de canon (planche II); un demi-détachement sanitaire lui avait été affecté, ainsi qu'un convoi de subsistances du 5e corps d'armée et 2 convois de fourrages; mais on ne pouvait pas encore compter, pour le moment, sur l'arrivée de ces derniers.

Les situations du 21 juillet portaient la force des régiments à 800 chevaux, celle de la division à 3,910.

Les cantonnements occupés entre le Hardt et

le Rhin étaient bornés au sud par la route de Landau à Germersheim, au nord par le Speyerbach [1]. La division était répartie ainsi qu'il suit :

État-major de la division : Landau.

AILE DROITE.

La 2ᵉ brigade de cavalerie : État-major à Landau. Les régiments entre le Hardt et la route de Landau à Neustadt.

CENTRE.

La 1ʳᵉ brigade de cavalerie : État-major à Essingen. Les régiments entre les routes de Landau à Neustadt et à Spire.

AILE GAUCHE.

La 3ᵉ brigade de cavalerie : État-major à Offenbach. Les régiments entre la route de Landau à Spire et celle de Landau à Germersheim.

Artillerie à cheval : Etat-major à Landau : 2ᵉ batterie à Knörringen; 3ᵉ batterie à Essingen.

Détachement sanitaire et convois à Edenkoben et aux environs.

Les places d'alarme des 1ʳᵉ et 2ᵉ brigades et de l'artillerie se trouvaient au sud de Knörringen, des deux côtés de la route, celle de la 3ᵉ brigade au nord d'Offenbach.

La distance des cantonnements les plus éloi-

---

[1] Ruisseau qui se jette dans le Rhin à Spire.

gnés aux places d'alarme était d'environ trois
lieues.

La zone de ces cantonnements était déjà fortement occupée par des troupes des deux corps
d'armée prussiens ; on ne pouvait donc assurer le
service des vivres, dès le début, que par les magasins. Le magasin principal de Landau avait été
assigné aux 1re et 2e brigades, celui de Germersheim à la 3e brigade.

Les régiments de ligne avaient, en général,
des armes à longue portée, tandis que les uhlans
n'en n'avaient que 32 par escadron. Les cuirassiers n'avaient que des pistolets.

Mission de la division de cavalerie.

Le 29 juillet, au soir, le général de division A.
reçut à Landau la dépêche suivante du commandant de la 3e armée :

État major général   Au grand quartier-général, à Spire,
de la 3e armée.   Le 29 juillet 1870,
Sect. I. N° .   8 h. du matin.

Le 3 août, l'armée sera en mesure de
se porter vers le sud et de prendre l'offensive avec toutes ses forces. Les circonstances permettent toutefois de préparer,
dès maintenant, cette offensive par la
cavalerie. En conséquence, la division
quittera ses cantonnements demain, 30 juil-

let, et se concentrera aux environs de Landau, où elle bivouaquera; elle franchira la frontière le lendemain.

D'après les renseignements arrivés jusqu'à présent, le gros de l'armée du sud se trouve encore à Strasbourg; une division seulement doit avoir été poussée jusqu'à Haguenau. On a néanmoins signalé divers mouvements de troupes entre Sarreguemines et Bitche. Il est probable que le 5e corps, qui forme l'aile droite de la principale armée ennemie opérant vers la Sarre, se trouve en totalité ou en partie dans cette contrée.

Toutefois, l'ennemi, jusqu'ici, ne laisse point percer ses desseins. On ne peut encore deviner si l'armée du sud se tiendra sur la défensive ou si elle prendra l'offensive. Dans ce dernier cas, elle peut se diriger contre la position actuelle de notre armée, de concert avec les troupes qui se trouvent à Bitche, mais elle peut aussi avoir l'intention de passer le Rhin pour entrer dans le duché de Bade.

C'est à la cavalerie à nous fixer sur ces éventualités. En conséquence, la division de cavalerie éclairera la vallée du Rhin entre le fleuve et les montagnes, elle cherchera à repousser les éclaireurs de l'ennemi et s'avancera jusqu'à ce qu'elle ait obtenu le contact avec les forces principales de l'adversaire, qu'elle ne perdra plus de vue. La division observera, en même temps, toutes les routes qui débouchent de la montagne dans la plaine.

Les lignes télégraphiques seront mises hors de service ; on ne détruira les chemins de fer dans la région de l'ennemi que d'une façon passagère.

Les 5ᵉ et 11ᵉ corps d'armée ont reçu l'ordre de porter, aussitôt que possible, de fortes avant-gardes sur Wissembourg et sur Lauterbourg ; la cavalerie se retirera sur ces avant-gardes, en cas de besoin. Vous vous mettrez, en conséquence, en communication avec les quartiers-généraux de ces deux corps.

Le grand quartier-général de l'armée sera probablement à Landau le 1ᵉʳ août.

En dehors des événements extraordinaires, la division enverra des rapports deux fois par jour, à midi et le soir.

Le général commandant le 3ᵉ armée, N.

Le général de division prit connaissance de cet ordre et fit appeler son chef d'état-major, le commandant X., qui logeait avec lui dans le même hôtel. Cet officier prit aussitôt connaissance de l'ordre et rédigea l'ordre de la division d'après les indications du général. Cet ordre était ainsi conçu :

1re division de cavalerie
Sect. I. No .

Au quartier-général à Landau,
le 29 juillet 1870,
8 h. du soir.

Les brigades se réuniront demain 30 juillet, à 10 heures du matin, sur leurs places d'alarme respectives et bivouaqueront sur ces places mêmes ou à proximité. Il n'y aura toutefois pas d'alerte.

Les corps emporteront sur des voitures de réquisition les rations qui se trouvent encore dans leurs cantonnements ; tous les hommes qui ne sont pas en état de marcher seront dirigés sur l'hôpital de Landau ; les chevaux indisponibles seront versés au dépôt de remonte du 5e corps d'armée à X.

L'artillerie à cheval, le convoi de subsistances et le détachement sanitaire resteront dans leurs cantonnements, mais ils se tiendront prêts à marcher.

MM. les généraux de brigade seront rendus, le 30, à midi, au quartier-général de la division, où l'ordre sera donné à 1 heure.

Le général commandant la division, A.

1o A la 1re brigade de cavalerie à Essingen ;
2o A la 2e   id.   à Landau ;
3o A la 3e   id.   à Offenbach ;
4o A l'artillerie à cheval   à Landau.

En donner connaissance à l'intendant de la division à Landau.

Le général approuva cet ordre, qui fut aussitôt copié en quatre expéditions. Les ordonnances pour le porter avaient été commandées dans l'intervalle; deux le portèrent aux 1re et 3e brigades; une troisième fut envoyée à l'artillerie et à la 2e brigade, qui se trouvaient à Landau, et fut en même temps chargée d'aller trouver l'intendant de la division pour le prier de se rendre immédiatement chez le général.

Quand tout fut expédié, le commandant prit les feuilles de la carte de l'état-major qui embrassent le pays jusqu'à Strasbourg et se mit à les étudier avec le général, avec la plus grande attention. Le commandant avait eu soin de colorier les routes, ce qui en facilitait beaucoup la lecture. Après avoir échangé quelques idées avec le général le chef d'état-major lui développa les siennes de la façon suivante :

« L'ennemi suivra les grandes routes avec ses masses. Il en a deux à sa disposition : celle qui va de Strasbourg à Wissembourg par Lauterbourg en longeant le Rhin et celle de Strasbourg à Wissembourg par Haguenau. Je dois donc, de préférence, faire éclairer ces deux routes. Or, il y a environ six à huit lieues du Rhin aux montagnes. Si donc j'emploie deux brigades en première ligne, chacune aura un front de 3 à 4 lieues à explorer. Tant que je ne rencontrerai pas une résistance sérieuse, les forces de la divi-

sion suffiront pour éclairer complétement cet
espace et je pourrai faire suivre la 3ᵉ brigade en
réserve. De cette façon, elle sera en mesure de
porter secours à celle des deux premières qui
rencontrerait l'ennemi en force, ou si l'une
des deux est repoussée, d'arrêter l'adversaire
assez de temps pour permettre à l'autre de
rejoindre la division.

« Mais peut-être devrons-nous agir autrement
pour parer aux éventualités qui peuvent se produire sur notre droite, car l'ennemi est signalé en
force à Bitche. Nous sommes sans inquiétude
sur notre gauche qui est couverte par le Rhin. Il
est à peu près certain, du reste, que si l'ennemi
marche à nous, il portera le gros de ses forces par
Haguenau sur Wissembourg, pour opérer sa
jonction avec le corps qui s'avance par Bitche.
Nous sommes ainsi forcés de mettre nos principales forces sur la droite et d'affaiblir de préférence notre gauche, en la laissant agir avec indépendance. Je m'avancerai donc par Wissembourg
avec la brigade de grosse cavalerie et une brigade légère, tandis que la 2ᵉ brigade légère
observera la grande route qui longe le Rhin. Si
je fais marcher cette brigade par la route de Lauterbourg, la distance entre les deux colonnes sera
très grande et il il sera presque impossible qu'elles
puissent se soutenir mutuellement. Il n'est pas
indispensable, toutefois, que la brigade détachée marche sur la route même ; il importe
seulement que rien ne lui échappe de ce qui se

2

passe sur cette route. Il suffira pour cela de faire observer la route par son extrême gauche; car, entre cette route et le Rhin, de grosses masses ennemies auraient de la peine à se mouvoir. Le gros de la brigade peut donc se tenir plus à l'ouest de la chaussée.

« Il sera en même temps plus facile de maintenir les diverses fractions de la division en communication entre elles.

« Le gros de ces deux colonnes doit d'abord atteindre la Lauter qui se trouve à environ six lieues de leurs bivouacs. D'après ce que je sais, les patrouilles des avant-gardes ont pu toujours, jusqu'à présent, s'avancer jusqu'à cette rivière, sans rencontrer l'ennemi. Cependant, celui-ci peut paraître à tout instant sur la Lauter et empêcher le passage. Il conviendrait donc de marcher sur un certain front dès le début; nous pourrons peut-être ainsi passer la Lauter sur quelque point et déchirer le voile qui couvre les mouvements de l'adversaire.

« La colonne de gauche devra donc être dirigée sur un point situé à mi-chemin de Wissembourg à Lauterbourg, soit sur Schleithal.

« La colonne de droite se portera sur Wissembourg, mais là, elle devra déjà se couvrir dans la direction de Bitche. On ne peut préciser aujourd'hui même ce qu'il y aura à faire le jour suivant, c'est à dire le 1er août; il nous faut attendre que nous soyons sur la Lauter et que nous ayons reçu des renseignements sur l'ennemi. »

Le commandant de la division chargea le chef d'état-major, le commandant V., de rédiger l'ordre pour le 31 juillet sur ces bases et lui indiqua en même temps que, d'après la situation des cantonnements, la brigade de hussards formerait la colonne de gauche. Le général approuva la proposition du commandant V. d'adjoindre une batterie à cette brigade et lui fit remarquer ensuite combien il serait nécessaire de se mettre en communication avec les deux corps d'armée qui se trouvaient en première ligne. Le 5ᵉ corps ayant son quartier-général à Landau, le général résolut d'aller le lendemain matin s'entendre avec le général commandant le corps. Quant au 11ᵉ corps, il fut décidé que le chef d'état-major irait lui-même au quartier-général du corps à Germersheim. Il pouvait facilement s'y rendre par le chemin de fer et voir le général le lendemain matin.

L'intendant de la division était arrivé sur ces entrefaites. On lui communiqua l'ordre du grand quartier-général et on l'informa que les brigades avaient reçu l'ordre de se rassembler le lendemain pour bivouaquer sur les places d'alarme et qu'on avait prescrit aux troupes d'emporter avec elles, sur des voitures de réquisition, les vivres qu'elles possédaient encore dans les cantonnements. Ensuite, on lui demanda pour combien de jours le service était assuré.

L'intendant indiqua au général « que les troupes avaient déjà reçu la ration de réserve et la ration de la journée, qu'en outre, il y avait encore dans les cantonnements deux jours de vivres.

Une ration devant être consommée le lendemain, il ne resterait plus de vivres à la division que pour un jour. Il fallait donc faire prendre dans la journée du lendemain une troisième ration au magasin de Landau et faire également compléter le convoi qui assurera ainsi deux jours de vivres à la division.

Enfin, l'intendant demanda qu'on invitât les corps à former les voitures de réquisition en colonnes par brigade, et à commander un peloton par brigade pour veiller au maintien de l'ordre et les escorter. Ces voitures resteraient à la division jusqu'à ce qu'elles soient remplacées par de nouvelles voitures de réquisition prises en pays ennemi.

Le commandant de la division chargea l'intendant de préparer l'ordre nécessaire à cet effet et le congédia, ainsi que son chef d'état-major. Il était 11 heures et quelques minutes.

Avant de se livrer au repos, le chef d'état-major voulut encore préparer dans la soirée même l'ordre pour la marche du 31, pendant que les idées que le général lui avait développées étaient encore fraîches dans son esprit. Il s'assit donc et les transcrivit sur son carnet.

Dans l'intervalle, les ordonnances qui avaient porté l'ordre de la division étaient revenues avec leurs reçus

Le commandant V. prit ensuite le journal de marche et écrivit la relation de la journée :

« Landau, le 29 juillet 1870. Reçu à 7 heures du soir l'ordre du grand quartier-général, prescrivant de réunir la division demain matin, pour la faire bivouaquer autour de Landau et franchir la frontière le 31 juillet. La division a pour mission de chercher le contact avec l'ennemi et d'en observer les mouvements. Le gros de l'armée du sud doit être à Strasbourg, avec une de ses divisions à Haguenau ; d'autres troupes sont signalées entre Sarreguemines et Bitche.

En exécution de cet ordre, l'ordre fut expédié dans la soirée même aux brigades de se réunir le 30 dans la matinée, sur leurs places d'alarme, pour y bivouaquer. »

CONSIDÉRATIONS RELATIVES AU 29 JUILLET.

Force et composition de la division de cavalerie.

La 3ᵉ armée allemande dont il est question dans notre étude, a pour le moment à sa disposition une masse compacte de 24 escadrons d'environ 3,600 chevaux.

Le nombre de divisions de cavalerie indépendante à donner à une armée dépend de l'ensemble des ressources que l'on possède en cavalerie, de la mission à remplir par cette armée et du théâtre d'opérations qu'on lui destine. On verra dans le courant du récit si une seule division était suffisante dans le cas présent.

L'examen successif des faits fournira également la meilleure réponse aux trois questions suivantes :

1° Une division de cavalerie doit-elle se composer de plus ou moins de 6 régiments?

2° La division de 6 régiments doit-elle comprendre 3 brigades de 2 régiments ou 2 brigades de 3 régiments?

3° Enfin, quelle quantité d'artillerie doit-on donner à la division?

La guerre exige la concentration des masses vers un même but. Les unités qu'on met à la disposition du commandement doivent donc être aussi fortes que possible, mais à la condition de pouvoir être dirigées par un seul chef et de satisfaire aux exigences si difficiles de leur entretien.

Les difficultés du commandement se révèlent surtout sur le champ de bataille. Le développement rapide d'un combat de cavalerie exige, en principe, que le chef puisse non seulement embrasser d'un coup d'œil tout le front de ses troupes, mais aussi tout ce qui se passe dans les régions voisines, sinon, on ne peut plus compter sur l'intervention opportune des réserves. Et c'est principalement par ce jeu des réserves que se manifeste l'influence du commandement dans le combat. En outre, la nature du combat de cavalerie exige que les réserves soient immédiatement sous la main et prêtes à entrer en action dès que la première ligne est engagée. Avec une masse de 6 régiments déployés, on peut encore satisfaire à ces exigences; toutefois, la chose ne sera pas facile et le chef le mieux doué aura besoin, en tout cas, d'une instruction étendue et d'une grande pratique. Pour diriger un combat avec de plus grandes masses, il faudrait les talents les plus éminents et, en outre, des troupes parfaitement dressées.

On ne saurait, en principe, se contenter d'un effectif moindre de 4 régiments, par exemple, pour une division de cavalerie; les détachements qu'elle sera souvent obligée de faire la réduiraient bientôt à un rôle presque illusoire; en tout cas, elle ne pourrait satisfaire aux exigences de la grande guerre.

Examinons maintenant la 2ᵉ question que nous nous sommes posée : Comment doit se subdiviser la division de cavalerie? Faut-il constituer les six régiments en deux brigades de 3 régiments ou plutôt en 3 brigades de 2 régiments?

Pour le combat comme pour les opérations, cette dernière composition mérite la préférence; il ne faut pas oublier qu'il s'agit ici de l'action d'ensemble d'une division et non de l'action isolée d'une brigade.

Dans un combat de cavalerie, les liens tactiques disparaissent, du moment qu'on en arrive à la mêlée. Si l'on est repoussé, le chef ne peut reprendre son action sur sa troupe qu'au moment où l'ennemi interrompt sa poursuite ou est repoussé lui-même par de nouvelles troupes. Si l'on est victorieux et qu'on poursuive l'ennemi à son tour, il s'écoule un certain temps avant qu'elle puisse se rallier et se reformer. Aussi l'influence des deuxième et troisième lignes est beaucoup plus décisive encore dans les engagements de cavalerie que dans tout autre combat.

On peut certainement, avec deux brigades de trois régiments, former une deuxième ligne et une réserve; mais, de deux choses l'une : ou la troisième ligne de chaque brigade devra rester dans la main de son général de brigade, ou le général de division devra garder à sa disposition un régiment de chaque brigade. Dans le premier cas, les réserves échappent à l'action du commandant de la division et alors elles n'existent pas; dans le second cas, on forme par le fait une troisième brigade, avec cette différence que la constitution normale de la division disparaît au moment où elle va subir la redoutable épreuve du feu, pour être remplacée par une formation du moment sans consistance; il semble donc préférable de donner, en principe, à la division de cavalerie une organisation qui réponde aux exigences du combat, et le fractionnement de la division en trois brigades satisfait à cette condition.

De plus, il faut encore observer que deux régiments représentent le maximum de troupes qui peuvent recevoir l'impulsion directe d'un seul chef.

La nécessité du fractionnement ternaire se fait sentir tout aussi vivement dans le rôle auquel est appelée la cavalerie pendant les opérations, c'est à dire, dans le service d'exploration qui l'oblige à s'étendre le plus possible en largeur.

Elle ne sait pas immédiatement où elle rencontrera l'ennemi, elle doit, au préalable, le chercher. Lorsqu'elle donne sur les masses de l'adversaire, soit sur la cavalerie qui précède leur marche, soit sur leurs têtes de colonne, le front se resserre et la division se concentre pour le combat; sinon elle s'exposerait à être dispersée violemment dans toutes les directions. On ne doit pas se bercer d'illusions et croire que les fractions isolées de la division se porteront de leur propre mouvement sur les flancs de l'ennemi. Un adversaire supérieur en forces saura parer vigoureusement de pareilles tentatives. En outre, l'armée perdrait de cette façon son rideau protecteur.

La dispersion d'une patrouille est un fait assez peu important, mais quand il s'agit d'une division de cavalerie, c'est toujours un événement grave.

Il faut donc, quand on marche en avant pour aller à la recherche de l'ennemi, maintenir le principe du fractionnement en profondeur. Les fractions repoussées doivent se replier sur le gros de leur régiment et celui-ci, si le mouvement s'accentue, se replier sur le gros de la brigade à laquelle il appartient. Il n'est pas pratique de disséminer tout un régiment en première ligne sur une étendue de plusieurs lieues et de faire soutenir ses escadrons par une deuxième ligne dispersée de la même façon. Il vaut mieux, quand on veut occuper un front d'exploration étendu, placer les brigades l'une à côté de l'autre, qu'elles soient à deux ou à trois régiments; et pour que le commandant de la division puisse intervenir utilement dans des circonstances imprévues ou critiques, il devra avoir une réserve compacte assez forte à sa disposition, réserve qui ne pourra être fournie que par une troisième brigade. Ce n'est que dans des circonstances exceptionnelles, quand on aura, par exemple, à traverser de grands espaces sans avoir à craindre de résistance sérieuse, qu'on pourra porter en avant l'ensemble des brigades ou des régiments sans les faire suivre d'une réserve générale.

On peut objecter que le commandement du général de brigade disparaît, quand on détache un de ses régiments; mais cela n'arrive que parce qu'on détache trop souvent des régiments entiers. Pour voir, il n'est pas besoin de beaucoup de monde, en principe; mais quand on est convaincu que les fractions détachées ne pourront accomplir leur mission sans combat, on fera beaucoup mieux, dans le cas d'une division de six régiments, de détacher plus d'un régiment, à moins qu'on ne puisse faire entrer en ligne la division tout entière.

Il faut examiner ensuite la répartition des différentes espèces de cavalerie dans les brigades.

Ici encore, certaines considérations militent en faveur du fractionnement ternaire de la division. Il serait très agréable, sans doute, de n'employer au service d'exploration que de la cavalerie légère, mais on ne peut baser ses calculs que sur des chiffres réels et des données positives. La nature du recrutement en hommes et en chevaux impose déjà la nécessité d'une grosse cavalerie, si l'on ne veut réduire sensiblement l'effectif total des troupes à cheval.

Le mélange des régiments de grosse cavalerie et de cavalerie légère dans une même brigade paralyse l'activité de cette dernière et dans une brigade de deux régiments, ne permet pas de relever et de ménager le régiment de cavalerie légère, qui supporte ainsi tout le poids du service d'exploration. Il est cependant nécessaire de le faire, non seulement dans la brigade, mais encore dans la division. La meilleure composition d'une division de cavalerie serait donc, à notre avis, la suivante : trois brigades, l'une de deux régiments de grosse cavalerie et les deux autres de deux régiments de cavalerie légère.

Les deux brigades de cavalerie légère permettent au général d'exécuter ces grands déploiements en largeur, qui sont nécessaires quand on veut tout d'abord chercher l'ennemi, de concentrer ses forces quand le contact de l'adversaire le prescrit, de faire relever, en temps opportun, la brigade d'avant-garde qui est ici indispensable ; elles lui fournissent en même temps les moyens de donner plus de force et d'indépendance aux détachements qui sont inévitables dans le service d'une division de cavalerie faisant partie d'une armée. Enfin, la brigade de grosse cavalerie, qui a le caractère d'une réserve générale, ne sera pas exposée pendant les opérations aux mêmes fatigues et permettra au commandement, soit pendant les opérations mêmes, soit sur le champ de bataille, de jeter tout le poids de ses masses dans la balance.

Telles sont les considérations qui ont servi de base à la composition de notre 1ʳᵉ division de cavalerie; l'examen des diverses situations dans lesquelles se trouvera la division, dans le cours des opérations, nous dira à quel degré cette composition répond aux diverses exigences.

Pour ce qui est de la composition de nos divisions de cavalerie, en 1870, on ne peut reconnaître aucune règle fixe et la chose s'explique facilement. Jusqu'à cette époque, nous n'avions pas, et même en ce moment, nous n'avons pas encore notre cavalerie organisée d'une manière permanente en grands corps de cavalerie propres au service de guerre. On fut donc obligé de recourir à des formations plus ou moins rationnelles et en particulier motivées par la situation respective des troupes dans les garnisons, par l'organisation du temps de paix et les transports. Les sept divisions prussiennes avaient des effectifs différents; les unes avaient 4, 5, 6 et même 9 régiments; le nombre des brigades dans les divisions et des régiments dans les brigades était également très-variable [1].

Il n'y avait pas plus d'harmonie dans la répartition des régiments de grosse cavalerie et des régiments de cavalerie légère. Deux divisions (1re et 3e) n'étaient formées qu'avec de la grosse cavalerie; une autre (la 6e) comptait une brigade de grosse cavalerie à trois régiments et une de cavalerie légère à deux régiments; la garde et la 4e division, deux de grosse cavalerie et une de cavalerie légère à deux régiments; par contre, des trois brigades de la 5e division, deux comptaient deux régiments de grosse cavalerie et un de cavalerie légère, la troisième trois régiments de cavalerie légère.

La division qui fait l'objet de notre étude est formée sur le modèle de la 2e division de cavalerie du comte Stolberg. Comme c'était la seule qui marchât de cette manière en 1870, il y aurait lieu de voir si la formation que nous avons choisie est en rapport avec l'ensemble des ressources de notre cavalerie.

Cette organisation peut parfaitement s'appliquer à l'ensemble des forces de la cavalerie prussienne;

---

[1] Division de cavalerie de la garde : 3 brigades à 2 régim^{ts}.

1re Division de cavalerie		2	»	3	»
2^e	»		3	»	2	»
3^e	»		2	»	2	»
4^e	»		3	»	2	»
5^e	»		3	»	3	»
6^e	»		1	»	3	»
7^e	»		1	»	2	»

on pourra même le faire très-facilement, en modifiant la répartition des troupes sur le territoire et leur organisation en temps de paix.

L'armée prussienne compte, abstraction faite de la garde :

8 régiments de cuirassiers ;
16 de uhlans ;
40 de cavalerie légère (dragons et hussards).

Il faut affecter immédiatement un régiment à chacune des 27 divisions d'infanterie, soit ensemble 27 régiments. Si on emploie à ce service divisionnaire 12 régiments de uhlans et 15 de cavalerie légère, il restera 37 régiments qui se décomposeront comme suit :

8 de cuirassiers,
8 de uhlans,
25 de cavalerie légère.

Ces nombres suffisent pour constituer six divisions de cavalerie à trois brigades, deux de cavalerie légère et une de grosse cavalerie. Il faut ajouter à ces six divisions la division de cavalerie de la garde, également à six régiments, et pour l'ensemble des forces de l'empire (non compris les régiments divisionnaires) quatre régiments saxons, deux wurtembergeois et six bavarois.

Des organisations nouvelles et rationnelles ne peuvent être improvisées à la hâte. Tout récemment, cette question a reçu une solution très-complète pour l'artillerie; il en sera de même probablement pour la cavalerie, car la nécessité d'une pareille mesure se fait tous les jours sentir davantage. Il suffit de se rappeler que les divisions de cavalerie sont les premières grandes unités qui seront lancées à l'ennemi et que le combat d'une division de cavalerie, par la succession rapide de ses phases, réclame beaucoup plus d'habileté et d'entente mutuelle chez les officiers et la troupe que dans une division d'infanterie. Mais si l'on ne veut compter que sur la guerre pour acquérir la pratique nécessaire, on n'y parviendra qu'au prix de grands sacrifices et au détriment de l'ensemble. Une organisation a d'autant plus de valeur qu'elle exige moins de modifications pour s'adapter à la guerre et cela est encore bien plus vrai pour la cavalerie que pour les autres armes.

On pourrait s'étonner de nous voir proposer les régiments de uhlans pour le service auprès des divisions d'infanterie, tandis que nous réservons, de préférence, les régiments de cavalerie légère pour le service d'exploration. Mais il ne faut pas perdre de vue que le véritable service d'exploration incombera directement aux divisions de cavalerie, lorsqu'elles seront convenablement employées, et que la cavalerie attachée aux divisions d'infanterie ne saurait avoir par ce fait qu'une action très limitée. Lorsque les divisions d'infanterie devront opérer isolément, l'unique régiment de cavalerie dont elles disposent ne sera pas suffisant. Pour de telles éventualités, les grandes masses de cavalerie forment le réservoir où l'on viendra puiser une, deux brigades et même au besoin une division entière.

Il faut encore dire un mot de *l'artillerie nécessaire* aux divisions de cavalerie. Les besoins sur le champ de bataille sont très variables. Quand l'infanterie se porte à une attaque décisive, il n'est pas nécessaire qu'elle soit accompagnée immédiatement par l'artillerie, car les masses de cette arme ont préparé l'attaque sur une grande échelle et la soutiendront de toute leur puissance ; il en est de même dans la poursuite et les batteries concourront à cette opération si elles ne sont pas hors de combat. Par contre, si dans le cours d'une bataille, l'action de grandes masses de cavalerie devient nécessaire sur une des ailes, les circonstances particulières décideront chaque fois du nombre de pièces à mettre en jeu pour appuyer cette cavalerie.

Pour la bataille, la division de cavalerie n'a donc pas besoin d'une dotation permanente en artillerie ; une pareille mesure aurait plutôt pour résultat de neutraliser l'action d'un certain nombre de pièces qui feraient ainsi défaut au grand combat d'artillerie. L'expérience démontre que cette appréciation s'est justifiée sur les champs de bataille ; elle a permis aussi de constater que les batteries affectées aux divisions de cavalerie se sont détachées de ces dernières pour prendre part au combat pour leur compte. De pareils procédés ne sont en rien recommandables, car le combat réclame la concentration de toutes les forces sous une seule direction.

Inversement, si l'on doit employer une grande masse de cavalerie aux opérations, il faudra lui donner incontestablement un certain nombre de pièces, dont elle aura besoin dans la plupart des cas. Il suffit de quelques faibles détachements ennemis embusqués dans des maisons ou dans un défilé, pour arrêter la marche de la cavalerie tout entière ou lui faire éprouver des pertes hors de toute proportion, si elle n'est point en mesure de déloger l'adversaire par quelques obus. Les colonnes ennemies seront contraintes à un déploiement prématuré par le feu de l'artillerie; et dans les terrains qui ne permettent pas l'emploi en masse de la cavalerie, l'artillerie seule pourra ralentir et entraver la marche de l'adversaire. Si donc la cavalerie doit se trouver souvent dans des situations qui rendent l'appui de quelques pièces nécessaire, il faut qu'elle emmène son artillerie, car elle ne trouvera pas dans son voisinage, comme c'est le cas sur le champ de bataille, d'autres corps de troupe pour lui prêter immédiatement les pièces dont elle aura besoin; les divisions d'infanterie les plus voisines sont à plusieurs lieues et souvent à une journée de marche en arrière.

Dans le cas présent, la division de cavalerie a reçu, comme la division Stolberg en 1870, deux batteries à cheval. La suite des opérations fera voir si ce chiffre de deux batteries suffit, ou même

5

si l'on pourrait se contenter d'une seule batterie.
En tout cas, on peut déjà remarquer que si l'on
donne plus d'une batterie à une division, il est
nécessaire de constituer un état-major d'artillerie.
Quand toute la division est engagée, l'unité
d'action de l'artillerie est indispensable; cette
disposition permettra, en outre, aux batteries à
cheval de venir concourir sur le champ de
bataille au grand combat d'artillerie d'un corps
d'armée.

D'ailleurs, en présence des prétentions divergentes des différents chefs, la réunion des batteries
sous le commandement d'un officier supérieur ne
peut être que très utile. Il est tout aussi désirable
que le remplacement des munitions d'artillerie,
qui est souvent très difficile, ainsi que celui des
munitions de la cavalerie légère, soient placés
dans la même main.

Il faut également assurer complétement les
besoins de la division et la pourvoir de *colonnes
d'équipage et de services administratifs*. Elle doit
donc avoir un intendant divisionnaire, un employé
des postes, et en outre, un aumônier, un auditeur
et un médecin en chef.

Le service sanitaire a été assuré en campagne
de différentes manières; quelques divisions
avaient un lazaret de campagne (ambulance de
seconde ligne), d'autres un demi-détachement
sanitaire (ambulance de première ligne). Ce dernier procédé paraît préférable, parce que les divisions de cavalerie sont trop mobiles pour qu'un

lazaret de campagne soit d'une utilité durable [1].
Du reste, les blessés ne seront pas en général
aussi nombreux que dans les combats d'infanterie et ils pourront trouver, même en pays ennemi,
les soins et l'assistance nécessaires. Mais on ne
saurait se dispenser de pourvoir aux premiers
secours à donner sur le champ de bataille, et on
ne peut y subvenir qu'en donnant à la division
un détachement sanitaire ou une ou plusieurs
sections de ce détachement.

Mais alors il sera souvent nécessaire de transporter les brancardiers du détachement sanitaire
en voiture, afin qu'ils puissent suivre les mouvements de la division et qu'on les ait sous la main
au moment du combat. Les voitures seront, du
reste, très utiles pour le transport des blessés.

La division doit aussi être pourvue de *convois
de subsistances* d'une manière permanente. Comme
on l'a dit déjà, un convoi de 30 voitures suffit
pour le transport des munitions de bouche d'une
division pour deux jours environ. Quant aux
fourrages, aucun corps de troupe ne se trouve
aussi favorisé que les divisions de cavalerie en
avant des armées, qui ont sous la main toutes les
ressources encore intactes des contrées où elles
pénètrent. Toutefois, la division devra se pourvoir

---

[1] Si l'on veut se rendre compte du mode de fonctionne-
ment de ces deux espèces d'ambulances, on pourra consulter
la quatrième partie de la première étude : la division d'infanterie dans le corps d'armée, chapitre intitulé : le service
de santé.   (*Note du traducteur.*)

pour tous les cas et veiller elle-même à assurer ses besoins, surtout en avoine. Si elle ne possède pas de convois réguliers de fourrages, ou si elle ne les a pas encore reçus, elle les créera sur place où les formera en pays ennemi avec des voitures de réquisition et organisera militairement ces trains auxiliaires. Les chevaux et les conducteurs seront compris dans les calculs d'approvisionnement. Un convoi de 180 voitures, chargées en moyenne de 20 quintaux, peut transporter, mais surtout en avoine, les rations d'une division de cavalerie pour trois jours.

Arrivée de la division de cavalerie sur les points de concentration de l'armée.

Dès le 29 juillet, la 1re division de cavalerie est déjà complétement arrivée sur les points de concentration de l'armée, tandis que le reste de l'armée ne sera probablement prêt à commencer ses opérations que le 1er août. Il est indispensable de concentrer ainsi la cavalerie de bonne heure, si l'on veut la mettre à même d'éclairer le commandement et de remplir le rôle qui lui incombe à la guerre. Il est de la plus haute importance pour le commandant en chef de s'être déjà mis en contact avec l'adversaire et d'être tenu au courant de ses mouvements, avant d'ébranler ses corps d'armée pour les porter en avant.

Il ne suffira donc pas de la faire venir le plus

tôt possible par les voies rapides sur les points de concentration, mais il faudra encore la faire débarquer le plus loin qu'on pourra vers la frontière La frontière est généralement occupée en ce moment par les troupes des garnisons voisines chargées de la couvrir contre les coureurs ennemis; les divisions de cavalerie pourront donc se rassembler derrière ces troupes d'observation et seront en mesure de se renseigner avant le début des opérations sur tout ce qui se passe en avant et de s'orienter complétement dans le pays. Il importe, à cet effet, que le commandant de la division de cavalerie se tienne en communication constante avec les commandants des avant-gardes des corps d'armée. Mais il doit aussi lancer des escadrons en avant pour son propre compte au delà des avant-postes de ces avant-gardes, aussitôt que les circonstances le permettent. Dans le cas présent, le général A a négligé cette sage précaution, sans doute parce que la formation de sa division absorbait toute son attention ; cependant, il aurait très-bien pu faire observer tout le pays jusqu'à la Lauter ; et cela était d'autant plus utile que ce pays allait devenir forcément le théâtre des premières opérations.

Le peu d'espace dont disposent les masses d'une armée, quand le chemin de fer les a jetées sur les points de concentration, permettra rarement d'assigner aux divisions de cavalerie un rayon de cantonnements séparé. Elles devront trouver à se loger dans les cercles des autres corps d'armée, dont elles pourront, du reste, utiliser les écuries et les granges pour installer les chevaux. Toutefois, dans le voisinage de l'ennemi, il ne faut pas s'étendre au delà d'une certaine limite, mais se réserver, au contraire, la possibilité de rassembler son monde dans une journée. Si les ressources en logement font défaut, il faudra bien se résoudre à faire bivouaquer une partie des troupes. *Mais il ne faut pas oublier que les bivouacs font plus de victimes dans la cavalerie que les balles de l'ennemi et qu'on ne doit les prescrire que quand on ne peut faire autrement.* On ne comprend pas la nécessité qu'il y avait de concentrer la division le 30 juillet au bivouac, ainsi que le prescrivait l'ordre du grand quartier-général[1].

Dans le cas présent, la division occupe environ dix lieues carrées. Une plus grande étendue ne lui aurait plus permis de se concentrer en un jour et de pouvoir encore porter secours aux troupes de première ligne, si le besoin s'en faisait sentir. Dans un pays plat et peuplé de villages, cette étendue de dix lieues serait suffisante pour les cantonnements d'une division de cavalerie, mais il n'en sera plus de même, s'il faut encore y loger tout un corps d'armée et pour se procurer l'espace nécessaire, il devient très-utile de porter dès les premiers moments la cavalerie en avant de l'armée.

[1] Nous reviendrons sur ce point dans les considérations relatives au 31 juillet.

Comme le gros du 5ᵉ corps ne doit arriver que le 30 et le 31 juillet, ainsi que le 1ᵉʳ août, peut-être même que le 2, il n'est pas nécessaire que la division de cavalerie évacue les cantonnements avant le 30 juillet. Dans la répartition des cantonnements entre les brigades, il faut tenir compte de l'emploi qu'on peut avoir à faire de ces troupes. Ce serait une faute de mettre la grosse cavalerie en première ligne et de reléguer les deux brigades de cavalerie légère en deuxième et troisième lignes. Il faut se réserver aussi la faculté de pouvoir détacher, si les circonstances l'exigent, une brigade de cavalerie légère sur les ailes ou sur les flancs. On a besoin généralement de la cavalerie légère au début, surtout s'il y a des détachements à fournir. Il faut donc éviter autant que possible de lui faire faire des détours à travers les cantonnements de la grosse cavalerie pour se rendre sur les points où on veut l'employer.

A cet effet, on assignera souvent un secteur à chaque brigade, comme on l'a fait ici, en mettant la grosse cavalerie au centre.

Ensuite, on indiquera le plus souvent une place d'alarme générale, et une place d'alarme particulière pour chaque brigade. Une masse de six régiments de cavalerie et de deux batteries est si considérable qu'il faut avoir grand soin de leur faire prendre des routes différentes, quand on le peut, pour assurer le bien-être des troupes. Ce sera souvent assez difficile, si la division marche de concert avec de grandes masses de troupes, et il faudra alors que le général en chef lui assigne sa route à elle aussi comme aux autres divisions ou autres corps d'armée. Quand on indique des places d'alarme particulières pour chaque brigade, il faut veiller à ce qu'elles ne soient pas trop éloignées l'une de l'autre; il faut qu'on puisse s'assurer facilement de l'arrivée de chaque brigade sur les places d'alarme et que les ordres puissent leur parvenir rapidement; s'il en était autrement, il pourrait en résulter des inconvénients graves, dans l'hypothèse, par exemple, où l'on aurait à porter en ligne toute la division. Nous dirons pour terminer que les places d'alarme doivent toujours se trouver en avant du côté de l'ennemi.

La mission assignée à la division de cavalerie [1].

Le commandant d'une division de cavalerie doit évidemment connaître la nature des opérations qui lui incomberont en général, quand il sera appelé à marcher en avant de l'armée. Il est nécessaire néanmoins de lui spécialiser encore sa mission en raison de la situation actuelle des choses, en lui faisant connaître l'ensemble de la situation.

C'est dans ce but qu'a été rédigée l'instruction

---

[1] Lorsqu'il reçoit ses instructions, le général cherche à s'orienter sur les cartes de l'état-major. Il est cependant préférable, pour examiner la situation générale, de se servir de cartes d'ensemble et de ne recourir aux cartes spéciales que pour les détails.

adressée par le commandant de la 111ᵉ armée au
général A. Il lui est indiqué dans cette instruction
que l'armée ne sera en mesure de prendre l'offensive que le 3 août, qu'elle se portera d'abord vers
le sud et enfin que la division de cavalerie com-
mencera ses opérations le 31 juillet.

On lui communique en même temps tous les
renseignements qu'on possède au grand quartier-
général de l'armée sur l'ennemi, mais en ajoutant
que l'on n'est pas encore bien fixé sur les projets
de l'armée du sud. C'est à la cavalerie à établir
les jalons nécessaires pour éclairer le commandement à cet égard.

On appelle alors son attention sur les opérations
que l'ennemi pourrait exécuter et on l'empêche
ainsi de s'égarer dans de fausses hypothèses. La
question a été examinée avec soin et longuement
discutée au grand quartier-général, mais le commandant de la division ne connaît pas la situation
générale, ni les intentions précises du commandant
en chef; il ne peut donc savoir ce qui importe le
plus dans le moment à son chef immédiat.

C'est dans ce sens que doit être rédigée toute
instruction adressée à une division de cavalerie,
quand elle est appelée à agir isolément en avant
de l'armée. Son chef saura alors exactement ce
qu'on exige de lui; quant à la manière de remplir
sa mission, c'est son affaire.

Le grand quartier-général lui facilite la chose,
dans le cas actuel, par quelques indications générales. Si le commandant de la division est connu

du général en chef comme un homme capable et s'il a déjà fait ses preuves, cette précaution sera, la plupart du temps, inutile. En tout cas, on ne pourra jamais se dispenser de lui faire connaître où il doit, envoyer ses rapports et dans quelle limite il peut compter sur l'appui d'autres corps de troupes.

A ces indications essentielles qui lui sont données ici, on ajoute encore quelques recommandations qu'il est bon de rappeler à sa mémoire, au début d'une campagne. Nous voulons parler des chemins de fer et des télégraphes qu'on détruit souvent avec beaucoup de désordre. Il suffit, en général, de mettre les stations télégraphiques hors de service jusqu'à ce qu'on puisse les exploiter avec ses propres employés et il convient, par conséquent, dans la plupart des cas, d'adjoindre un détachement de *télégraphistes* à la cavalerie qui marche en avant.

Si l'on pénètre dans une contrée, sans avoir l'intention d'y séjourner longtemps, il peut quelquefois être utile de détruire à fond le réseau télégraphique. Mais on ne doit le faire que sur l'ordre du grand quartier-général qui seul est en état d'apprécier l'opportunité d'une pareille mesure.

Il en est de même des chemins de fer; le commandant en chef peut seul décider s'il y a lieu de les détruire complétement; dans tous les autres cas, on ne doit procéder qu'à une destruction partielle, en se contentant généralement d'enlever les rails, mais jamais en faisant sauter les tunnels, viaducs, etc., afin de s'en ménager l'usage pour la suite.

Il y a un autre point essentiel qu'il ne faut jamais perdre de vue, nous voulons parler de la nécessité de constater quels sont les corps d'armée ennemis que l'on a devant soi et surtout quelle en est la composition.

Il est évidemment de la plus haute importance que le général en chef connaisse la position de l'ennemi. Mais il n'est pas moins nécessaire qu'il en connaisse aussi la force. Quand il s'agit de grandes masses, on ne pourra généralement s'en rendre un compte exact que par des calculs. Aussi est-il nécessaire de chercher tout d'abord à établir l'ordre de bataille de l'adversaire.

Si l'on ne peut le connaître avant le début des hostilités, on devra chercher à y arriver peu à peu dans le cours des opérations. Mais si l'on possède ce renseignement précieux, il devient souvent facile de préciser, au moyen des prisonniers de quelque régiment, quelles sont les forces qu'on a réellement devant soi.

Plus il arrive de renseignements de points différents, plus on a de chances de se faire une idée exacte de la répartition des forces de l'adversaire et de deviner ses projets.

Dans la campagne de 1870-1871, on fut longtemps dans l'incertitude au grand quartier-général si le général Bourbaki était encore à Bourges ou s'il était déjà en marche pour se porter vers l'Est. Cette incertitude se révéla dans toutes les mesures que l'on prit; l'on ne savait pas trop si on ne portait pas les troupes encore disponibles dans quelque fausse direction dont les conséquences pouvaient devenir très graves. On ne fut rassuré que par la dépêche suivante du général Werder : « J'ai eu à faire aujourd'hui avec tels et tels régiments, par conséquent, avec les troupes de Bourbaki. »

Il est plus facile de connaître l'ordre de bataille de l'adversaire quand, au moment de la formation des armées actives, les corps entrent en campagne en conservant, comme cela a lieu chez nous, la même organisation que pendant la paix. Mais cela est beaucoup plus difficile quand les formations de guerre ne se font qu'au dernier moment, comme c'était le cas pour l'armée française en 1870.

Au commencement du conflit, le grand quartier-général ne pouvait donc établir l'ordre de bataille de l'armée française que par une série de calculs et de combinaisons; on connaissait les garnisons qu'elle occupait pendant la paix et on se demanda comment le réseau des chemins de fer du territoire français se prêtait le mieux à la formation de grands corps d'armée.

Les conclusions qu'on en tira se trouvèrent être très-exactes, ainsi qu'on put le constater plus tard; néanmoins, il fallut encore le contact avec l'ennemi pour leur donner le caractère de certitude dont nous avions besoin et pour préciser quelques points encore incertains.

On voit par là quelle importance il y a à faire quelques prisonniers et à les interroger avec soin à l'ouverture des hostilités. Aussi la cavalerie qui précède l'armée doit y veiller avec une attention particulière ; c'est un des plus grands services qu'elle puisse rendre au commandant en chef.

Ordre de la division.

Après avoir reçu ses instructions du grand quartier-général, le commandant de la division prescrivit d'abord aux brigades de bivouaquer le lendemain matin sur leurs places d'alarme ou à proximité. Il n'est pas superflu de les prévenir, surtout au début d'une campagne, qu'il n'y aura pas d'alerte, car les corps de troupes occupant différents cantonnements, les généraux pourraient se croire obligés de donner le signal d'alerte pour rassembler leur monde et l'alerte se communiquerait à tous les corps d'armée, ce qui produirait du désordre et une fatigue inutile pour les troupes.

Il se produit déjà bien assez d'alertes inutiles au commencement d'une campagne et il n'est pas rare de voir prendre les coups de pied des chevaux contre les écuries pour des coups de canon, ou le crépitement que produit le battage des couvertures pour un feu d'infanterie.

Dans le courant de la campagne, quand le commandant de la division aura déjà vécu quelque temps avec ses généraux et qu'il s'entendra complétement avec eux, il sera rarement néces-

saire de recourir à une conférence verbale pour
leur donner ses instructions; toutefois, cela sera
toujours préférable. On ne pourra cependant
toujours le faire, si les circonstances ne permettent pas aux généraux de s'éloigner longtemps
de leurs troupes. On a le temps dans le cas actuel;
les généraux de brigade ont toute facilité pour
surveiller l'installation de leurs bivouacs qui
peuvent se prendre de bonne heure le lendemain
matin et s'il survenait quelque événement imprévu
qui obligeât à mettre les troupes en mouvement,
les officiers généraux réunis chez le général de
division en seraient informés les premiers et
auraient encore le temps de rejoindre leurs
troupes.

Quand on occupe de larges cantonnements, des
ordres écrits qui réclament une exécution presque
immédiate ne permettent pas de demander de nouvelles instructions. Mais la division a ici à remplir une mission à laquelle elle aura eu rarement
l'occasion de s'exercer, quand même elle aurait
été organisée pendant la paix; une de ses brigades doit même avoir une mission isolée. Il est
donc très utile que le commandant de la division
non seulement fasse connaître ses intentions aux
généraux de brigade, mais encore fasse disparaître chez eux toutes les hésitations, toutes les
incertitudes au sujet des opérations projetées ou
de l'impulsion à donner au service. C'est dans ce
but que le général A, les réunit chez lui le lendemain.

Quoiqu'on réunisse la division au bivouac, on laisse cependant encore l'artillerie dans ses cantonnements. Le général avait sans doute l'intention de la laisser assez près des bivouacs de la cavalerie, pour lui permettre de rejoindre à temps les brigades, le 31 juillet, au moment de leur départ.

Ce motif n'est pas très plausible. Si l'on marche le 31 juillet, il n'est pas indifférent que l'artillerie ait à faire, ce jour-là, deux lieues de plus que la cavalerie. Mais il faut songer aussi qu'on peut se voir obligé, même dans la journée du 30, de porter la cavalerie en avant, si les mouvements de l'ennemi le rendent nécessaire.

Dans un pareil moment, la cavalerie partira immédiatement au trot de ses bivouacs, et pourra ne plus se trouver en communication avec ses batteries. L'une des batteries occupe, il est vrai, des cantonnements qui touchent le bivouac du gros de la division; elle pouvait, par conséquent, y rester; mais il eût été préférable de faire arriver l'autre dès le 30 juillet au bivouac de la brigade.

Quant aux *équipages et aux convois*, ils ne doivent pas marcher avec la division, et dans la cavalerie, ils doivent suivre à une plus grande distance que dans tout autre corps de troupe. Car la cavalerie a souvent à changer rapidement de direction, une cavalerie supérieure en nombre peut la forcer à une retraite précipitée, qui pourrait être singulièrement gênée, si les équipages se trouvaient trop rapprochés ; ceux-ci courraient, de plus, un grand danger. Les convois doivent donc marcher à une assez grande distance, *deux lieues au moins*, quand la division est isolée. Cette règle ne saurait s'appliquer au détachement sanitaire ; il est évident que, pour être utile, il faut qu'il marche avec les troupes.

Il n'y avait aucune nécessité de concentrer les convois le 30 juillet ; il est toujours préférable de procurer le repos et toutes les facilités possibles aux équipages qui sont si souvent appelés à faire des marches de nuit dans le cours des opérations.

Il est nécessaire enfin, chaque fois qu'on quitte des cantonnements, d'indiquer aux troupes les points où elles devront diriger leurs malades et leurs chevaux indisponibles, afin qu'on ne les voie pas errer çà et là à l'abri de toute surveillance. On ne pourra pas toujours les diriger sur le dépôt d'un corps d'armée, ainsi qu'on l'a fait ici. Il est préférable que les divisions de cavalerie organisent de petits dépôts, qui passeront, comme tous les détachements de ce genre, sous les ordres du commandant d'une étape située en arrière.

Pendant la campagne, les troupes emporteront, sans qu'on ait besoin de le leur prescrire, les vivres qui se trouvent encore dans les localités qu'elles quittent ; tous les commandants d'escadron ne manqueront jamais de prendre leurs précautions à ce sujet. Nous ne parlons ici que des subsistances qui ont déjà été touchées aux magasins et qu'on ne pourrait laisser à d'autres troupes. Il est natu-

rel que l'on emporte avec soi ce qui n'est pas encore consommé; néanmoins, on fera bien de
donner maintes prescriptions au début d'une campagne, que personne n'oubliera plus tard, quand
on aura un peu plus de pratique.

Considérations du général de division sur la manière de diriger ses opérations.

Nous avons déjà exposé précédemment la série
des considérations dans lesquelles entre le général de division, sur la manière de diriger ses opérations. Il nous reste donc peu de chose à dire.

Les mouvements des armées et des corps d'armée suivent les grandes routes. Ce sont elles, par
conséquent, qui doivent d'abord attirer l'attention de la cavalerie.

Mais il n'en faut pas moins parcourir et reconnaître, sur une assez grande étendue, le terrain
où peut se trouver l'ennemi ou dans lequel
peuvent se mouvoir ses détachements.

L'étendue à éclairer détermine la quantité de
cavalerie à mettre en première ligne, et permet
de décider si la division peut se tirer d'affaire avec
une seule brigade, ou si elle doit en porter une
deuxième en avant, peut-être même la troisième.
Il est évident que, moins on s'attend à une résistance, moins la ligne a besoin d'être compacte et
plus elle pourra étendre sa sphère d'exploration.

Le gros de la division aura toujours à faire
sentir son action dans la direction où l'on a le

plus de chance de rencontrer l'ennemi ou dans laquelle on suppose le gros de ses forces.

Il en résulte que le gros doit être placé ici en arrière d'une des ailes, et si l'étendue de la première ligne est trop considérable pour qu'on puisse prêter appui à l'aile opposée en temps opportun, il faudra laisser à celle-ci une grande indépendance et lui donner une mission séparée, lui assigner même, au besoin, une autre ligne de retraite.

En général, un général de cavalerie aura toujours en vue la concentration de ses forces et évitera de les disséminer. Mais, tout en reconnaissant ce principe, il faut reconnaître aussi que le service d'exploration de l'armée oblige à faire de grands détachements, quand l'étendue du terrain à explorer, tant en largeur qu'en profondeur, ou les exigences de la situation stratégique ne permettent pas d'avoir une réserve au centre.

Dans ses considérations sur la situation, le général A. a principalement porté son attention sur l'éventualité d'une marche combinée des deux corps ennemis de Strasbourg et de Bitche; mais il n'a pas abordé la possibilité d'un passage du Rhin par les troupes qui se trouvaient à Strasbourg et ne s'est pas occupé, par conséquent, des mesures à prendre pour découvrir ce passage en temps opportun. Il est probable que ces considérations n'auraient pas modifié ses dispositions; néanmoins, cette éventualité aurait dû être examinée. Aucun changement n'en serait résulté dans les mouvements ordonnés, puisqu'un passage du Rhin par l'ennemi devait être découvert plus vite par la cavalerie du corps qui se trouvait encore sur la rive droite que par la 1re division de cavalerie. Et si l'adversaire voulait exécuter son passage plus bas, à Lauterbourg, par exemple, cette tentative serait précédée de la marche de son armée vers la Lauter. La position de la 3e armée sur son flanc empêchait d'ailleurs la réussite de cette entreprise.

Dans la direction donnée aux deux colonnes de la division, il eût peut-être été préférable de porter la brigade de hussards sur Saint-Remy au lieu de la diriger directement sur Schleithal; on aurait ainsi mieux conservé la division sous la main pour le cas où on rencontrerait l'ennemi sur la grande route, c'est à dire, aux environs de Wissembourg. En outre, il était plus facile à l'ennemi de fermer le passage à Schleithal, à cause du Bienwald qui se trouve en avant, qu'à Saint-Remy, où le terrain est complétement découvert.

Pour terminer, disons encore un mot du journal de marche de la division. Il ne doit contenir qu'un résumé général, qui puisse servir à l'historique à faire plus tard. Mais, d'un autre côté, on ne doit omettre aucun fait important, et il ne faut pas oublier non plus de relater tout ce qui n'a pas été donné par écrit, comme les ordres verbaux, explications, etc., pour peu qu'ils aient eux-mêmes une certaine importance [1].

[1] Voir sur la manière de tenir le journal de marche : *Études sur l'art de conduire les troupes.* 1re étude, la division d'infanterie dans le corps d'armée, 1re partie.

LE 30 JUILLET.

Le 30 juillet, à 6 heures du matin, le chef d'état-major se rendit chez son général et lui présenta l'ordre de la division qu'il avait rédigé la veille au soir; cet ordre était ainsi conçu :

1ʳᵉ division de cavalerie.   Au quartier-général à Lanotau,
Sect. 1.   Nº   .   Le 30 juillet.

Ordre de la division.

D'après les renseignements qui sont parvenus à la division, l'ennemi se trouve en force dans les environs de Bitche et de Haguenau.

Afin de s'en assurer, la division franchira la frontière demain, 31 juillet, en deux colonnes; la 1ʳᵉ, composée de la brigade de dragons et de celle de grosse cavalerie, prendra la route de Wissembourg et sera directement sous mon commandement; la brigade de hussards, formant la 2ᵉ colonne, se dirigera sur Schleithal.

Les deux brigades de la colonne de droite, ainsi que la 2ᵉ batterie à cheval, seront réunies à 6 heures du matin sur leurs places d'alarme et se tiendront prêtes à marcher.

La brigade de hussards, à laquelle se joindra la 3ᶜ batterie à cheval, quittera, à la même heure, sa place d'alarme et se portera sur Schleithal. Elle aura soin d'envoyer des patrouilles vers la Seltz et d'observer principalement la route de Seltz à Lauterbourg.

Les convois de la division se rassembleront à 7 heures à Knörringen et suivront la grande route sous le commandement de l'officier payeur G.   Signature.

Le général fit observer à son chef d'état-major qu'il importait d'abord de se mettre en communication avec les 5ᵉ et 11ᵉ corps, pour leur demander les renseignements qu'ils possédaient sur ce qui se passait de l'autre côté de la frontière. D'ailleurs, l'on ne connaissait pas suffisamment la position de leurs avant-postes et l'on ne savait pas davantage dans quelle mesure on pouvait compter sur l'appui de ces deux corps d'armée. Il croyait donc nécessaire, avant d'expédier l'ordre, de s'entendre avec les commandants de ces corps.

Le général A. chargea, en conséquence, son chef d'état-major de se rendre au quartier-général du 11ᵉ corps à Germersheim, tout en regrettant de ne pas l'avoir déjà envoyé la nuit précédente, car il serait peut-être trop tard quand il reviendrait; on espéra toutefois qu'il pourrait encore remplir assez rapidement sa mission, en prenant immédiatement le chemin de fer.

Le général lui indiqua encore une fois, avant son départ, les points sur lesquels il devait porter principalement son attention, savoir :

1° Communiquer les intentions de la division de cavalerie, en indiquant principalement comment elle comptait remplir sa mission ;

2° Demander quand et dans quelle mesure le 11° corps peut appuyer la cavalerie. Le commandant V. devait surtout insister sur la nécessité, pour ce corps, de faire occuper bientôt Lauterbourg par de l'infanterie, et de faire observer par sa propre cavalerie la grande route de Lauterbourg à Seltz ;

3° S'informer de la position actuelle des avant-postes du corps d'armée et demander les renseignements que le corps possède sur l'ennemi et en général sur ce qui se passe de l'autre côté de la frontière.

Le commandant V. se rendit directement à la gare, pour prendre le chemin de fer. Le commandant de la division envoya en même temps une ordonnance au général commandant le 5° corps d'armée pour lui demander quand il pourrait lui parler.

Avant le retour de cette ordonnance, le commandant de l'artillerie entra chez le général pour venir chercher des ordres, s'il y avait lieu.

Le général lui dit que la « division devait se remettre en route le lendemain matin et franchir la frontière en deux colonnes. La brigade de hussards aurait, dans cette marche, une mission indépendante, qui la tiendrait peut-être plusieurs jours séparée du gros de la division; il serait donc nécessaire de lui donner une des deux batteries, tandis que l'autre serait affectée provisoirement à la brigade de grosse cavalerie. L'artillerie allait recevoir, du reste, un ordre écrit à cet égard; cependant, le commandant L. pouvait, dès maintenant, donner les ordres nécessaires, et prescrire aux batteries de se trouver à 6 heures précises aux rendez-vous de Knörringen et d'Offenbach, prêtes à marcher. »

Le commandant L. dit qu'il désignerait, en conséquence, la 3ᵉ batterie à cheval pour marcher avec la brigade de hussards et la 2ᵉ avec la brigade de grosse cavalerie.

L'ordonnance était revenue sur ces entrefaites et avait informé le général A. que le commandant du 5ᵉ corps serait chez lui jusqu'à 10 heures du matin. Le général A. s'y rendit aussitôt; il était en ce moment un peu plus de 8 heures; il lui fit connaître qu'il allait partir le lendemain et le pria de lui donner les renseignements qu'il avait sur l'ennemi et de lui indiquer la position de ses avant-postes.

Le général commandant le 5ᵉ corps lui donna les renseignements suivants :

« J'ai poussé en avant-garde la 17ᵉ brigade d'infanterie, le seul corps de troupe qui soit, jusqu'à présent, complétement arrivé, avec 2 escadrons de uhlans et une batterie légère. Le gros de la brigade est à Klingenmunster, Appenhofen et

Billigheim, où se trouve le général X., commandant la brigade. Ses avant-postes, forts de 2 bataillons et 1 escadron, ont occupé le défilé de
Bergzabern et poussent leurs patrouilles jusqu'à
Wissembourg et la Lauter. Sur sa droite, l'avant-
garde est en communication avec un petit détachement bavarois qui se trouve à Dahn. Elle se
relie également à gauche avec les avant-postes
du 11ᵉ corps qui occupent une ligne allant de
Winden au Rhin par Langenkandel. Mon corps
occupe le nœud des voies ferrées de Winden.

Jusqu'à présent, on n'a presque rien aperçu,
si ce n'est deux petites patrouilles d'infanterie
dans les vignes de Wissembourg et un peloton
de vingt chasseurs à cheval qui se sont montrés
hier matin à Altenstatt et se sont retirés plus tard
vers le sud.

Wissembourg paraît cependant occupé; du
moins, un officier, qui s'est avancé hier jusqu'aux
portes de la ville, les a trouvées fermées et a reçu
des coups de fusil des remparts. La ville est, du
reste, complétement à l'abri de l'escalade, en-
tourée de fossés qu'on peut inonder; les remparts
sont bien entretenus, mais ne sont cependant pas
armés.

Nous avons reçu à plusieurs reprises, du
détachement bavarois, des nouvelles inquiétantes
sur la marche de l'ennemi; elles se bornaient toutefois à annoncer que l'ennemi franchissait souvent la frontière avec de fortes patrouilles; en
tout cas, depuis environ quatre jours, il y a des

forces considérables à Sturzelbronn; on parle d'une division entière qui s'y serait portée de Bitche. A Bitche même, il doit y avoir de grandes masses de troupes campées.

Quant au 11ᵉ corps prussien, je sais que ses patrouilles explorent le Bienwald et sont arrivées jusqu'à Lauterbourg, mais jusqu'à ce moment elles n'ont rien aperçu.

Quant au reste, le bruit court parmi les habitants qu'un corps ennemi serait arrivé dans les derniers jours à Wissembourg et se serait fortement retranché sur les hauteurs qui dominent la ville au sud. J'ai prescrit à la cavalerie de l'avant-garde de faire tout son possible pour s'en assurer. Je vous ferai communiquer son rapport aussitôt que je l'aurai reçu. »

Les deux généraux avaient donc reçu les mêmes renseignements du grand quartier-général; partant de cette base, ils discutèrent ensemble les mouvements que pouvait exécuter l'adversaire.

Tous deux étaient d'avis qu'il serait difficile à l'ennemi d'essayer de passer le Rhin en présence de la 3ᵉ armée. Il était beaucoup plus vraisemblable qu'il prendrait l'offensive en aval sur la rive gauche du fleuve. La situation politique, l'initiative de la déclaration de guerre par l'adversaire et la marche du gros de ses forces de Metz sur la Sarre, tendaient certainement à le faire croire. Mais il était possible aussi que, pendant que la principale armée prendrait l'offensive, les forces qui se trouvaient en Alsace ne servissent qu'à couvrir

cette province et à tenir en même temps la
3ᵉ armée en échec.

Le corps, signalé à Bitche, paraissait provisoirement destiné à relier les deux grandes masses ;
il était probable qu'il n'irait pas renforcer l'armée
d'Alsace, car il n'aurait certainement pas perdu
déjà 4 jours aux environs de Bitche.

La marche de la division de cavalerie devait
déchirer le voile qui cachait encore les projets de
l'adversaire. Le général A. exposa comment il
pensait s'acquitter de sa mission et demanda dans
quelle mesure il pouvait compter être appuyé par
le 5ᵉ corps d'armée ; cet appui lui était indispensable pour pouvoir s'emparer de Wissembourg et
occuper éventuellement la place.

Le général commandant le 5ᵉ corps se montra,
il est vrai, complétement convaincu de l'importance de l'occupation de cette place, tout en
regrettant de ne pas être encore, pour le moment,
en mesure de satisfaire au désir qui lui était
exprimé. Son corps était encore en voie de rassemblement et ne pouvait, par conséquent, se
porter en masse en avant ; du reste, ce mouvement en masse ne pouvait se faire sans un ordre
spécial du grand quartier-général ; la 17ᵉ brigade
d'infanterie seule était au complet, mais il en
avait besoin pour couvrir le corps d'armée.

Le commandant de la division lui ayant
objecté que le corps lui paraissait suffisamment
couvert, si la division de cavalerie se trouvait en
avant et si la brigade d'infanterie la suivait, le

général commandant le corps lui répondit que cette brigade lui était indispensable pour parer à toutes les éventualités qui pouvaient se présenter sur sa droite. Il devait porter une attention particulière sur cette partie montagneuse de la contrée, où l'on ne pouvait laisser l'ennemi prendre position et il était obligé de garder sous la main un corps suffisamment compact pour empêcher l'adversaire de déboucher dans la plaine, et pour satisfaire à cette exigence, il n'avait que la 17ᵉ brigade disponible.

« Toutefois, ajouta-t-il, je suis tout disposé à vous appuyer dans la mesure de mes forces à ce moment, si les circonstances l'exigent et à répondre en même temps aux intentions du grand quartier-général.

En conséquence, je prescrirai à la 17ᵉ brigade de faire suivre le gros de votre division demain matin par 2 bataillons et un escadron, auxquels j'enverrai en même temps une batterie, mais seulement dans le but de faire une démonstration sur Wissembourg, dans le cas où cette place serait occupée par l'ennemi et de la bloquer pendant votre marche en avant. Mais je défendrai au colonel R., qui doit commander le détachement, de faire la moindre attaque sur la place. Toutefois, si l'adversaire renonce à la défense, le colonel occupera la ville, pour mieux couvrir votre droite du côté de la route de Bitche. Je me réserve, en tout cas, de rappeler le détachement suivant les circonstances, car si la division de cavalerie est repoussée, je ne puis tenir la ville occupée que si je suis en mesure d'appuyer le détachement avec le corps d'armée. »

Le commandant de la division exprima encore le désir que le colonel R. fût mis directement sous son commandement, afin de pouvoir disposer de ses troupes en cas de besoin. Loin d'accéder à son désir, le général commandant le corps lui fit observer que le détachement ne devrait en aucun cas dépasser Wissembourg ; mais aussitôt que le corps sera en mesure de porter des forces suffisantes jusqu'à Wissembourg, il sera possible alors d'appuyer la cavalerie et le général donnera les ordres nécessaires à cet effet.

Il fut convenu que le détachement du 5e corps se tiendrait prêt à marcher le lendemain matin à 8 h., à Bergzabern ; le général A. retourna ensuite à son quartier-général, où il arriva à 9 h. 30 m.

Là il trouva tous ses aides de camp réunis pour recevoir ses instructions, ainsi que l'intendant et l'auditeur.

L'intendant présenta l'ordre dont on était convenu la veille et qu'il avait été chargé de rédiger. Il était ainsi conçu :

« Les voitures de réquisition, emmenées des cantonnements, seront formées par les brigades en colonnes de 60 voitures chacune ; l'intendance enverra dans la journée le nombre de voitures nécessaires pour les compléter à ce chiffre.

Il sera commandé un peloton sous les ordres

d'un officier pour surveiller les colonnes; les conducteurs et les chevaux seront nourris par les
troupes auxquelles ils seront attachés.

Les voitures vides seront chargées dans l'après-
midi aux magasins de Landau et de Germersheim, d'après les indications qui seront données
par l'intendance. »

L'intendant informa en même temps le général
qu'il avait déjà envoyé son personnel avec les
instructions nécessaires aux bivouacs des brigades et pris les mesures nécessaires aux divers
magasins.

On dépouilla ensuite le courrier de la poste
qui était arrivé dans l'intervalle : il n'y avait
d'important qu'un certain nombre de proclamations que le grand quartier-général envoyait
pour être distribuées dans le pays au passage de
la frontière.

L'examen de quelques demandes adressées par
les corps, l'expédition de l'ordre précédent et la
solution de quelques affaires de justice em-
ployèrent le reste de la matinée jusqu'à 11 h. 30.

Vers midi, les commandants des trois brigades
arrivèrent au quartier-général, ainsi qu'ils en
avaient reçu l'ordre; le chef d'état-major n'était
pas encore revenu, mais les deux aides de camp,
dont le plus jeune s'était chargé dans l'intervalle de
donner avis au commandant de la place du départ
de la division pour le lendemain, se trouvaient
près du général et celui-ci les invita à assister à
la conférence pour leur propre compte.

Le commandant de la division leur communiqua d'abord la mission qui lui était donnée et expliqua sur une carte détaillée comment il comptait l'exécuter; il dit un mot de la position des avant-postes des corps d'armée et résuma les renseignements qu'il possédait sur l'ennemi.

Il fit spécialement ressortir qu'il fallait d'abord se porter sur la Lauter avec la division et de là lancer des patrouilles aussi loin que possible pour aller aux renseignements. Il ne dissimula pas qu'il lui serait désagréable de trouver Wissembourg occupé, car il faudrait alors trouver un moyen d'isoler la place.

« Je n'ai pas pour le moment d'autres instructions à donner au gros de la division, ajouta le général, puisqu'il sera directement sous mes ordres. Les deux brigades seront rendues au rendez-vous de manière à se mettre en marche à 6 h. précises du matin, la brigade de dragons en tête. Il n'est pas nécessaire pour le moment de faire une avant-garde.

Bien qu'il ne soit guère possible de préciser d'avance ce que nous ferons une fois au delà de la Lauter, je crois devoir, général D., vous exposer mes intentions plus en détail, car il peut se faire que nous restions pendant plusieurs jours sans nous voir.

J'ai mis le gros de la division à l'aile droite, parce que je suppose le gros des forces ennemies dans cette direction. Il est nécessaire cependant d'observer tout le pays jusqu'au Rhin et particulièrement la route qui va de Strasbourg à Lauterbourg par Seltz en longeant le fleuve, et cela avec d'autant plus de soin que, d'après différents bruits, l'adversaire aurait l'intention de passer le Rhin. Le plus simple certainement serait de nous porter par Lauterbourg sur cette route, mais alors nous courrions le risque de perdre nos communications directes avec votre brigade. Or, nous devons d'autant moins nous y exposer que je dois faire en sorte de pouvoir vous rappeler à moi avec toute votre brigade ou au moins avec une partie, si je rencontre la cavalerie ennemie en force en avant de mon aile droite. Vous prendrez donc à partir de Schleithal la direction de Nieder-Roderen sur la Seltz; placé ainsi sur le flanc de la route de Lauterbourg à Seltz, vous pourrez l'observer suffisamment ainsi que le terrain jusqu'au Rhin, en vous couvrant bien entendu sur votre gauche avec un ou deux escadrons. Si le 11e corps pouvait occuper Lauterbourg, vous trouveriez là un point d'appui excellent, j'ai envoyé dans ce but mon chef d'état-major à Germersheim, et je vous informerai aujourd'hui même du résultat de sa mission; si je le puis, j'irai passer quelques instants au bivouac de votre brigade.

Je n'insiste pas sur les mesures que vous aurez à prendre pour rester en communication avec le gros de la division, qui prendra de son côté les dispositions nécessaires à cet effet.

On ne peut encore rien prescrire dès à présent

pour la traversée de la grande forêt de Haguenau, qui occupe toute la largeur de la vallée. En tous cas, vous ne dépasserez pas Nieder-Roderen, surtout avec votre gros et vous vous contenterez de porter quelques escadrons sur Seltz et Forstfeld, ainsi que dans l'intérieur de la forêt.

Dès que vous saurez où vous voulez établir votre quartier-général, envoyez-moi un officier qui soit exactement informé de la situation et de vos projets pour le jour suivant. Je n'ai pas besoin de vous dire de me faire prévenir immédiatement de tous les événements de quelque importance.

En pays ennemi, il est extrêmement important d'envoyer ces rapports en plusieurs expéditions et par des chemins différents. Ne faites pas non plus vos patrouilles trop faibles, comme cela se pratique souvent pendant la paix ; qu'elles soient toujours de 6 à 8 cavaliers au moins. »

Après avoir ainsi donné ses instructions particulières au général D., le commandant de la division s'adressa de nouveau à tous les généraux pour leur faire encore quelques recommandations et attirer leur attention principalement sur les points suivants :

« Je vous prie de ne pas oublier que notre mission principale est de voir. Recommandez surtout aux jeunes officiers de ne pas se laisser entraîner à attaquer sans réflexion tout ce qu'ils rencontrent. Nous ne devons combattre que s'il se présente une occasion favorable dont on puisse profiter ou s'il n'y a pas d'autre moyen de pénétrer dans les lignes de l'adversaire. Mais, en tout cas, si nous y sommes obligés, et cela vous regarde, MM. les généraux, nous devons songer toujours que nous sommes isolés et examiner mûrement si la situation nous permet d'engager aussi notre dernière réserve. Car si celle-ci échoue dans son attaque, qui sait où nous retrouverons notre monde ! En tout cas, nous ne pourrions plus remplir notre mission.

« J'appelle encore votre attention sur un point essentiel pour le grand quartier-général, c'est de recueillir des renseignements exacts sur la composition des forces ennemies. Les régiments ont reçu du grand quartier-général les indications qu'il possédait sur l'ordre de bataille de l'adversaire. Mais il reste à voir si cet aperçu est complétement juste et il convient, par conséquent, d'inviter tous les officiers à prendre copie sur leur carnet des notices qui nous importent tout d'abord, c'est à dire, de celles qui concernent les 1er et 5e corps ennemis, pour en faire la base de l'examen à faire des prisonniers.

« Il ne faut pas oublier non plus que demain nous coucherons en pays ennemi et que nous aurons à nous garder contre des surprises. Logez les chevaux partout où ce sera possible, mais veillez à ce qu'on prenne toutes les mesures de sûreté nécessaires. Notre situation isolée exige aussi qu'on prenne des dispositions pour la sécurité des bagages. On pourra s'en dispenser le premier jour de marche, puisque nous opérons en grande partie

5

dans le rayon de nos avant-postes, mais ce sera nécessaire les jours suivants. Toutes les voitures devront rester concentrées et sous l'escorte d'un peloton. Les voitures sanitaires seules et les chevaux de main marcheront réunis à la queue de chaque brigade. Quant aux voitures de réquisition, chaque brigade en formera une colonne; les ordres de détail à ce sujet vous seront envoyés. En tout cas, il ne faut supporter aucune voiture non réglementaire ou qui n'aura pas reçu l'ordre de marcher avec la division. Les voitures à bagages des troupes et les équipages suivront toujours à 2 lieues de distance. J'appelle spécialement votre attention sur ce point. »

Après avoir ainsi passé en revue les points principaux, on s'entretint encore de diverses questions de détails qui furent élucidées sur place, après quoi les généraux rejoignirent leurs brigades. Les officiers qui étaient venus à l'ordre à Landau s'en retournèrent avec eux, après avoir reçu les différents ordres de service. Le général de brigade D. seul resta sur l'invitation du commandant de la division pour bien étudier sur la carte la mission qui lui était confiée et recevoir les explications qui pouvaient lui être nécessaires. On parla encore de différentes choses sans grande importance et enfin, à 2 h., le général put se mettre à table avec son état-major.

Pendant le diner, le chef d'état-major revint de Germersheim. Il avait trouvé chez le commandant du 11° corps un accueil très bienveillant. D'après les rapports de ses avant-postes, 20 chasseurs à cheval environ s'étaient montrés la veille pour la première fois en avant de Lauterbourg. Le 11ᵉ corps était à peu près au complet, sauf les équipages. Le commandant du 11ᵉ corps désirait beaucoup occuper Lauterbourg, et la marche de la division de cavalerie était pour lui une excellente occasion de le faire. Il déclara à cet égard qu'il préférait avoir ses avant-postes plutôt au delà du Bienwald qu'en deçà, attendu que la forêt cachait tous les mouvements de l'ennemi, et assura que le 31 juillet au matin il porterait en avant la 41ᵉ brigade qui formait son avant-garde. Il donnerait en conséquence l'ordre au général U., qui commandait cette avant-garde, d'occuper Lauterbourg et Scheibenhard avec 3 bataillons, 3 escadrons et 1 batterie, et d'établir ses avant-postes plus au sud; le reste de l'avant-garde occuperait des cantonnements au Nord du Bienwald. Ce détachement devait partir à 6 h. du matin de Langenkandel pour exécuter son mouvement. Le général en chef avait l'intention également de faire observer par sa cavalerie la route de Seltz ainsi que le terrain compris entre cette route et le Rhin.

Le chef d'état-major ajouta que les avant-postes du 11ᵉ corps enverraient le lendemain à 6 h. du matin à Winden un rapport sur les nouveaux renseignements qu'ils auraient recueillis sur l'ennemi.

Le général A. se montra très satisfait du

résultat de la mission de son chef d'état-major.
Ce dernier se mit également à table et le général lui fit connaître l'entretien qu'il avait eu le
matin avec le général commandant le 5ᵉ corps.
En définitive, on savait que depuis la veille de la
cavalerie ennemie s'était approchée de la frontière
par les grandes routes. Il fallait donc chercher à
constater le lendemain matin d'où venaient les
coureurs de cette cavalerie, quelle était leur force
et à quels corps de troupes ils appartenaient.

On se leva de table à 3 h. et le général se rendit chez lui avec le commandant V., pour arrêter
définitivement, ainsi qu'il suit, l'ordre pour le jour
suivant.

1ʳᵉ division de cavalerie. Quartier général de Landau,
 Sect. 1. Nº . le 30 juillet 1870,
 4 h. après-midi.

Des patrouilles de chasseurs à cheval
ennemis ont été vues hier à Lauterbourg
et à Wissembourg; Wissembourg est
occupé par de l'infanterie, mais il paraît
n'y avoir que peu de monde. De grandes
masses ennemies ont été signalées dans
les derniers jours à Haguenau et à Sturzelbronn (route de Wissembourg à Bitche).

Pour être fixé sur la situation de l'adversaire, la division passera demain la
frontière et atteindra d'abord la Lauter.

En conséquence, la brigade de dragons
et celle de grosse cavalerie, ainsi que la

2ᵐᶜ batterie à cheval, seront réunies demain matin à Knörringen et se tiendront prêtes à se mettre en marche à 6 h. pour se porter sur Wissembourg.

La brigade de hussards et la 3ᵐᶜ batterie à cheval quitteront leurs bivouacs à la même heure et se dirigeront sur Schleithal; de là elles se relieront avec l'avant-garde du 11ᵉ corps qui doit partir de Langenkandel à 6 h. et atteindre Lauterbourg et Scheibenhard. On éclairera aussi loin que possible le terrain compris entre les routes de Nieder-Roderen à Lauterbourg et à Wissembourg.

Un détachement mixte du 5ᵉ corps suivra le gros de la division sur Wissembourg; le commandant de la division marchera avec le gros de la division.

Le détachement sanitaire marchera à la queue du gros, ainsi que les voitures sanitaires des corps et tous les chevaux de main. Toutes les autres voitures des 1ʳᵉ et 2ᵐᶜ brigades, ainsi que le convoi de subsistances et les voitures de réquisition, partiront à 8 h. de Knörringen par la grande route qu'elles suivront jusqu'à Billigheim, où on attendra de nouveaux ordres. Le lieutenant du régiment de cuirassiers X. commandera le convoi général.

La brigade de hussards prendra, en ce qui la concerne, des dispositions analogues.

Le quartier-général de la division sera probablement établi demain à Altenstatt.

Chaque brigade enverra un officier d'ordonnance et un trompette à l'état-major de la division; ils seront rendus demain matin à 6 h. au rendez-vous de Knörringen.

Lorsque, dans le cours des opérations, les brigades ne se trouveront pas à plus d'une journée de marche (six lieues) de l'état-major de la division, elles enverront chaque jour au quartier-général une ordonnance sachant bien écrire pour venir chercher les ordres; ces ordonnances y seront rendues à 4 h. du soir. Il en sera de même pour l'artillerie, le détachement sanitaire et le convoi. Ces ordonnances apporteront les lettres pour les remettre à la poste de campagne et remporteront sur reçu celles qui sont arrivées. Si les routes que doivent suivre ces ordonnances n'étaient pas complétement sûres, on les fera escorter en conséquence.

La brigade de grosse cavalerie, qui marche à la queue du gros de la division, aura soin, pendant la marche, d'établir une ligne de postes de correspondance jusqu'au premier grand poste de l'armée et d'indiquer les points où ils se trouvent. Ces postes resteront en position jusqu'à ce qu'ils soient successivement relevés par l'armée, au fur et à mesure qu'elle se portera en avant.

A moins de faits importants, les brigades n'enverront leur rapport qu'une fois
par jour ; il sera apporté par les ordonnances chargées de venir chercher les
ordres. Tout contact avec l'ennemi, tout
événement important me seront annoncés
immédiatement, au besoin par des officiers
s'ils sont d'une d'importance particulière,
mais toujours par écrit. Cela ne s'appli-
quera aux brigades détachées que si elles
ne sont pas trop éloignées.

Je recommande de se conformer strictement aux formalités à observer dans tous
les rapports à établir, savoir : le lieu, la
date et l'heure du départ, l'indication pré-
cise du corps et de la troupe à laquelle on
appartient, par exemple : de l'avant-garde
de tel escadron de tel régiment, de la patrouille envoyée vers X., de la grand'garde
n° 1 à Y., etc. — Les noms, grades et la
troupe à laquelle appartient l'expéditeur
seront visiblement et lisiblement écrits.
Les rapports au crayon seront toujours
mis sous enveloppe, ce qui est indispensable surtout par les mauvais temps. Les
régiments veilleront à ce que les officiers,
les sous-officiers, etc., soient toujours suffisamment munis des objets nécessaires
pour ces rapports; ils en sont responsa-
bles.

Le général commandant la division A.,

1º à la 1ʳᵉ brigade de cavalerie ;
2º à la 2ᵐᵉ   id. ;
3º à la 3ᵐᵉ   id. ;
4" à l'artillerie.

En donner connaissance à l'intendant de la division.

Des ordres de détails réglaient l'ordre de marche des convois. En tête devaient marcher les voitures de l'état-major, puis les bagages, etc., des régiments, enfin le convoi de vivres et les voitures de réquisition.

Lorsque les diverses expéditions de l'ordre furent terminées, le général A. prescrivit de faire un rapport au grand quartier-général sur les mouvements projetés pour le lendemain. Il se rendit à cheval au bivouac de la 3ᵐᵉ brigade avec un aide de camp qui emporta l'ordre destiné à cette brigade (5 h.). On avait déjà fait parvenir à cette brigade un certain nombre de proclamations venant du grand quartier-général.

A leur arrivée à la 3ᵉ brigade, l'aide de camp remit au général l'ordre qui le concernait. Le commandant de la division donna connaissance à cet officier général de ce qu'il avait appris par le 11ᵉ corps d'armée et appela son attention sur la nécessité de constater d'où venaient les chasseurs qu'on avait aperçus. Il l'informa, en outre, que le lendemain à 6 h. du matin les avant-postes du 11ᵉ corps feraient connaître à Vinden si l'on avait de nouveaux renseignements sur l'ennemi. Il faudra par conséquent, ajouta-t-il, y envoyer un officier pour s'en informer et prévenir le commandant de la division, s'il est survenu quelque événement important. Le détachement du 11e corps, qui doit marcher sur Lauterbourg et Scheibenhard se composera de 3 bataillons, 3 escadrons et 1 batterie; le général de brigade devra se tenir en communication directe avec lui et avoir soin de l'informer toujours immédiatement du point où il séjournera, ainsi que de tout ce qui peut arriver.

Le général de division réunit ensuite les officiers et des hommes des deux régiments et leur fit une courte allocution en rapport avec les circonstances. Il passa encore rapidement l'inspection des chevaux, puis prit congé du général de brigade et retourna à Landau, où il arriva quelques instants avant 7 h. Le chef d'état-major lui présenta la copie d'un rapport qui était arrivé sur ces entrefaites du quartier-général du 5e corps, ainsi que la dépêche qu'il avait rédigée pour le grand quartier-général de la 3e armée.

5e corps d'armée,   Bergzabern, le 30 juillet 1870,
9e division d'infanterie,   2 h. du soir.
17e brigade   id.

Le 1er escadron du 2e uhlans, envoyé en reconnaissance aujourd'hui matin vers Wissembourg, est arrivé à Schweigen sans rencontrer l'ennemi. De là il détacha un peloton vers Altenstatt, et un autre vers

Weiler; ces deux pelotons rencontrèrent au sud de ces deux villages 40 à 50 chasseurs à cheval, qui les forcèrent à rebrousser chemin. L'ennemi ne dépassa pas la Lauter, mais il en fit occuper les ponts par des cavaliers qui avaient mis pied à terre.

Quelques coups de feu furent tirés des remparts contre les patrouilles envoyées près de la ville, toutefois, on n'en saurait conclure que la ville était régulièrement occupée; les ponts-levis avaient été levés.

On n'a aperçu ni mouvement de troupes ni travaux de fortification sur les hauteurs qui se trouvent en arrière de la ville.

Le général de brigade, X.

Il n'y avait donc plus à douter de la présence de troupes ennemies à Wissembourg, mais tout portait à croire que ce n'était là qu'un détachement d'observation, et il fallait, par conséquent, que la tête de la division de cavalerie fût en mesure de soutenir un combat. Dès les premiers jours de la guerre, la 1ᵣₑ division de cavalerie avait reçu, comme tous les états-majors, des notices géographiques sur le pays ennemi; l'un des aides de camp se souvint par hasard avoir eu sous les yeux celle qui concernait Wissembourg. On la rechercha aussitôt et on y lut ce qui suit :

« Wissembourg, abandonné comme place forte depuis quelques années, possède encore des remparts bien entretenus, entourés de fossés pleins d'eau, elle peut donc à tout instant être utilisée comme place du moment. C'est un point important, parce qu'il barre le chemin de fer et qu'il est le nœud des principales voies de communication du nord de l'Alsace.

Ce qu'on appelle les lignes de Wissembourg n'a aucune importance militaire; il n'y a plus guère que quelques retranchements en ruine sur plusieurs points. »

Cette notice ne pouvait que confirmer le général dans son projet de chercher à s'emparer de la place.

Le rapport, préparé pour le grand quartier-général, était le suivant :

1re division de cavalerie. Quartier général de Landau,
    Sect. I. N° .   le 30 juillet 1870, -
                            5 h. 1/2 du soir.

Conformément aux ordres du grand quartier-général en date du 29 courant, la division se mettra en marche demain matin, 31, pour gagner la Lauter; 2 brigades se dirigeront sur Wissembourg, et une sur Schleithal; le lendemain, la brigade de gauche se portera probablement vers la route de Lauterbourg à Seltz.

Après s'être concerté avec les 5ᵉ et 11ᵉ corps, il a été convenu que le 5ᵉ porterait, le 31, un détachement composé de 2 bataillons, 1 escadron et 1 batterie au delà de ses avant-postes et le dirigerait sur Wissembourg, et que le 11ᵉ corps ferait occuper Lauterbourg et Scheibenhard par 3 bataillons, 3 escadrons et une batterie.

Wissembourg est encore occupé par l'ennemi, mais avec peu de forces, à ce qu'il paraît. La division essaiera de s'en emparer, s'il est possible de le faire sans grands sacrifices.

Quelques détachements de chasseurs à cheval, de la force d'un escadron environ, se sont montrés aujourd'hui près de la place, sans cependant franchir la Lauter. On n'a aperçu aucun travail de fortification sur les hauteurs qui sont situées derrière la ville.

On a vu hier également des patrouilles de chasseurs à cheval en avant de Lauterbourg.

S'il ne survient rien de nouveau, le quartier-général de la division sera demain à Altenstatt.

Le général commandant la division, A.

Au grand quartier-général de la 3ᵉ armée à Spire.

Ce rapport fut copié et signé, puis remis à la poste.

Toutes les mesures nécessaires étaient donc prises pour le lendemain. Il était déjà 8 h. 1/2; le général congédia alors ses officiers.

Le commandant V. s'occupa de compléter le
journal de marche de la division :

Samedi, 30 juillet 1870.   Quartier-général de la division,
                                                à Landau.

« Dans la matinée, les brigades gagnent les
bivouacs qui leur ont été assignés, les 1re et 2e à
Knörringen, la 3e à Offenbach.

« Le chef d'état-major est envoyé au quartier-
général du 11e corps d'armée à Germersheim pour
réclamer le concours de ce corps et se concerter
avec lui sur les mesures à prendre à cet effet.

« Il a été convenu que demain un détachement de la 41e brigade d'infanterie, composé de
3 bataillons, 3 escadrons et 1 batterie, occupera
Lauterbourg et Scheibenhard.

« Le 5e corps, de son côté, a promis également
d'appuyer notre mouvement par un détachement
composé de 2 bataillons, 1 escadron et 1 batterie.

« D'après l'ordre de la division pour le 31 juil-
let, les 1re et 2e brigades avec la 2e batterie à cheval doivent se porter sur Wissembourg, et la
3e brigade avec la 3e batterie sur Schleithal. On
se propose de former des convois de fourrage au
moyen de voitures de réquisition sur le territoire
ennemi ; en attendant, on conservera les voitures
fournies par le pays.

« Les généraux de brigade ont reçu leurs instructions au quartier-général de la division. »

CONSIDÉRATIONS RELATIVES AU 30 JUILLET.

Ainsi qu'on a pu le remarquer dans la description qui précède, le général de division A a été toute la journée du 30, de 6 h. du matin à 8 h. 1/2 du soir, presque constamment occupé par des affaires de service ; il ne peut même s'y soustraire pendant l'heure consacrée au repas. On voit par là combien il importe de ne pas précipiter le premier mouvement d'une division de cavalerie. Il sera, du reste, généralement difficile de faire tous les préparatifs nécessaires et on en aura rarement le temps.

Concentrez votre cavalerie de bonne heure, que le général qui la commande se renseigne aussitôt près du quartier-général, et vous pourrez ainsi souvent éviter les inconvénients qui résultent d'une telle précipitation.

Si ces précautions ont été négligées, ou si elles n'ont pu être prises par suite de quelque circonstance et que les divisions de cavalerie ne soient rassemblées qu'au dernier moment, on se verra souvent forcé de les déployer aussitôt après leur arrivée au point de concentration, et il leur sera alors beaucoup plus difficile de remplir leur mission.

Tous les plans et toutes les combinaisons que nous avons prêtés au général A. montrent à cet égard combien *sa mission exige de lui qu'il soit complétement versé dans les choses de la grande guerre.*

Le commandant d'une division de cavalerie indépendante se trouvera souvent dans des situations qui réclament une connaissance plus approfondie des conditions stratégiques que le commandant d'une division d'infanterie qui fait généralement partie d'un corps d'armée et n'a qu'à se conformer à des ordres donnés émanant d'une autorité supérieure.

Il y a là pour les généraux de cavalerie un sérieux avertissement de s'initier par l'étude et la réflexion aux exigences de la réalité, dont les grandes manœuvres ne tiennent aucun compte; sinon, avec la plus belle cavalerie du monde, ils pourraient bien ne rendre que les services les plus médiocres et user ainsi sans profit réel les ressources de cette arme si brillante et si coûteuse.

Il est vrai que beaucoup d'officiers pensent autrement et croient que les aptitudes qui doivent être en quelque sorte l'apanage de tous les officiers de cavalerie suffisent également aux officiers généraux de cette arme. Cet amour du danger, cette confiance dans son courage et, en cas de malheur, dans la vitesse de son cheval, cette ardeur chevaleresque, aujourd'hui victorieuse, demain vaincue, qui échoue sur un point et se porte soudainement sur un autre, cette ténacité infatigable à rester à l'affût et à s'attacher sans cesse à la piste de l'adversaire, toutes ces brillantes qualités sont indispensables pour tout officier de cavalerie, mais elles ne sauraient suffire chez les généraux de cette arme, surtout s'ils doivent se trouver à la tête de près de 4,000 chevaux et s'ils doivent opérer pour leur compte.

Nous avons supposé dans notre étude que le général A. s'est suffisamment initié aux choses de la grande guerre pendant la paix, et. qu'il comprend parfaitement le rôle qu'il a à remplir en avant de l'armée et la nature des services que le commandant en chef attend de lui.

Il saura, par conséquent, juger quels sont les meilleurs points à choisir pour découvrir à temps les mouvements de l'ennemi et apprécier l'importance de ces mouvements dans leur ensemble.

La journée du 30 juillet est employée principalement *à se mettre en communication avec les corps d'armée et à donner ses instructions à ses généraux.* Ces deux points sont assez importants pour que nous nous y arrêtions quelques instants.

Nous avons déjà appelé l'attention sur le *désir exprimé par le général de division de s'assurer de l'appui des corps qui se trouvent à sa proximité.* Mais l'insistance avec laquelle il sollicite cet appui pourrait faire croire à une certaine inquiétude de sa part. Examinons donc d'abord si cette insistance était suffisamment justifiée.

Supposons que notre 1ʳᵉ division de cavalerie rencontre l'ennemi à environ deux journées de marche en avant, au bord de la grande forêt de Haguenau, qui occupe presque tout l'espace entre les montagnes et le Rhin. Supposons de plus que les avant-gardes de la 3ᵉ armée se trouvent encore à ce moment à Bergzabern et à Langenkandel et

qu'une division d'infanterie ait suivi immédiatement la division de la cavalerie pour l'appuyer
dans son mouvement. La cavalerie devient insuffisante pour reconnaître la forêt, dont elle trouve
la lisière occupée aux points les plus importants
par de l'infanterie ennemie, et plus à l'est ses
patrouilles sont tenues en échec par la cavalerie
de l'adversaire. La division d'infanterie doit-elle
alors faire attaquer quelque point de la lisière
avec une partie de ses forces ou marcher elle-
même tout entière à l'attaque? Ce serait s'engager dans une reconnaissance offensive, et l'expérience démontre que ces sortes de reconnaissances
n'ont de sens que si toute l'armée est prête à profiter immédiatement de ses résultats. Ici ce n'est
nullement le cas. D'un autre côté, pendant qu'on
est engagé sur un point de cette lisière, longue de
plusieurs lieues, dans un combat dont on ne peut
prévoir la tournure et d'où l'on aura peut-être
beaucoup de peine à se dégager, on s'expose à voir
déboucher sur d'autres points des masses ennemies qui pourraient singulièrement compromettre la retraite de la division d'infanterie. Le danger est moins grand pour la cavalerie que
pour l'infanterie; grâce à la rapidité de ses mouvements, il lui sera facile d'y échapper en faisant
un détour. En cas de nécessité, elle peut même
appuyer vers la droite ou vers la gauche sans
perdre pour cela le contact avec l'adversaire, et
quand celui-ci se retire à son tour, elle se retrouve
toujours à sa place au moment voulu. On est donc

6

très exposé, dans notre hypothèse, à se heurter contre un ennemi supérieur en forces, puisqu'on sait que l'armée du sud se concentre derrière la forêt de Haguenau.

La situation ne permet donc pas, dans les circonstances présentes, de faire suivre immédiatement la 1ʳᵉ division de cavalerie par une division d'infanterie. On s'exposerait, d'ailleurs, à un autre danger tout aussi grave, car le 5ᵉ corps ennemi peut déboucher, d'un moment à l'autre, de la montagne derrière notre aile droite. La division de cavalerie aura encore le temps d'échapper au danger par une marche forcée sur Lauterbourg; il n'en sera pas de même pour la division d'infanterie qui est engagée au bord de la lisière de la forêt de Haguenau et dont la retraite sera singulièrement compromise.

Mais il sera très important pour la division de cavalerie d'être assurée sur ses derrières et de savoir que les routes débouchant de la montagne sur Wissembourg ainsi que les ponts de la Lauter sont couverts par l'infanterie.

Si ceux-ci sont occupés, la cavalerie pourra rester jusqu'au dernier moment sur la rive droite; elle n'est pas limitée au pont qui se trouve immédiatement derrière elle, et elle peut dès lors se jeter dans le flanc de l'ennemi qui se porterait sur ce pont, tout en dirigeant sa retraite sur d'autres points de passage.

D'ailleurs, l'infanterie sera beaucoup moins exposée derrière les défilés, attendu que, si l'en-

nemi parvient à forcer le passage sur un point
seulement, il lui faudra un certain temps pour
faire passer de grandes masses et le gros de l'armée
se trouvera alors assez près pour la rallier en toute
sécurité.

Il ne faut cependant pas perdre de vue que,
même dans ces circonstances, la cavalerie légère
peut, sans faire appel à l'infanterie, arrêter l'ennemi au débouché des montagnes en faisant mettre pied à terre à quelques escadrons, et assurer
ses derrières de la même manière, en occupant plusieurs passages de la Lauter.

Pour nous résumer, nous dirons donc que, dans
le cas présent, il serait dangereux de faire suivre
la cavalerie dans son mouvement offensif par une
division d'infanterie, et que si le concours de
cette arme peut lui être d'une grande utilité pour
défendre certains points, il ne lui est en tout cas
pas absolument indispensable.

Il résulte de là *qu'une division de cavalerie,
pourvue d'une bonne arme à feu, doit chercher et
trouver en elle-même la force suffisante pour mener
à bonne fin toutes les entreprises que sa mission
lui impose. Plus elle sera convaincue qu'elle ne
peut remplir sa tâche qu'avec le secours de l'infanterie, plus elle sera tentée de faire constamment
appel à cette dernière et on finira par renverser les
rôles, si l'infanterie doit être chargée du service
d'exploration en première ligne.*

Quant à faire suivre la cavalerie par de petits
détachements d'infanterie, ce serait beaucoup les

exposer, de l'aveu même de généraux qui passent pour téméraires, ainsi que nous l'enseigne la conduite du général Katzler.

Ce fameux commandant d'avant-garde du corps d'York, dans les campagnes de 1813 et 1814, disposait souvent de plus de 20 escadrons, par conséquent, d'une force dépassant la force ordinaire d'une division de cavalerie.

Dans les opérations qui eurent lieu en Silésie et en Saxe, l'armée devait se tenir toujours concentrée à proximité de l'ennemi, mais éviter tout engagement sérieux. Il en résultait que les deux adversaires se trouvaient constamment très rapprochés l'un de l'autre et que la cavalerie était fort circonscrite dans ses mouvements.

Quand la cavalerie se portait en avant, les deux ou trois bataillons qui formaient la pointe d'avant-garde de l'infanterie la suivait généralement à très peu de distance. On peut voir par l'étude de cette avant-garde avec quel soin extrême le général croyait devoir veiller sur les mouvements de cette infanterie. « Il la protégeait avec précaution contre toute surprise et la faisait toujours prévenir par la tête de la cavalerie jusqu'où elle pouvait s'avancer sans danger. Quand c'était possible, ou lui indiquait quelque ligne de défense dans le terrain, pour ses haltes. » (Biographie du général Katzler). Je vous avertirai assez à temps, disait souvent aussi ce général aux officiers de l'avant-garde, pour que vous puissiez commencer votre retraite en toute sécurité.

Par conséquent, quand les circonstances permettront à la cavalerie de se mouvoir librement, il faudra en profiter et lui laisser le champ complétement libre. Quand l'armée prendra l'offensive, il faudra porter la cavalerie en avant, sans la talonner par l'infanterie, sous peine d'alourdir sa marche.

On peut aussi, à cet égard, tirer grand profit de l'étude des campagnes du premier Napoléon. Avant qu'elle eût été ruinée par la campagne de Russie, Napoléon savait se servir supérieurement de sa cavalerie. De grande masses, qui dépassaient souvent soixante-dix escadrons, précédaient ses armées au loin. Lorsqu'elles étaient tenues en échec par l'adversaire, elles gardaient le contact avec lui jusqu'à l'arrivée des premières têtes de colonne d'infanterie. Il en résultait souvent une *série de combats d'avant-garde, soutenus par les masses de cavalerie et les têtes de colonne des divisions d'infanterie, mais les autres divisions des corps d'armée étaient alors toujours à portée immédiate et prêtes à intervenir.*

Il en sera de même dans la défensive, où la cavalerie, sans aucun souci des distances, aura pour tâche immédiate de découvrir et de retarder l'approche de l'ennemi ; si elle est serrée de près par les têtes de colonne de l'adversaire, elle sera recueillie par les avant-gardes de l'infanterie. Ces dernières, d'après la nature du terrain et la situation stratégique, pourront se trouver en arrière, à une demi-journée de marche, à une journée en-

tière ou même à une distance encore plus considérable.

On ne saurait donc trop répéter qu'*en principe,
es masses de cavalerie doivent assurer le service
d'exploration de l'armée avec la plus grande indépendance et sans le concours de l'infanterie et
qu'une cavalerie qui ne sait pas à cet égard s'éman-
ciper de son infanterie, ne vaudra jamais l'argent
qu'elle coûte. Ceci n'exclut en rien l'action de l'infanterie, quand elle pourra intervenir sans s'exposer.*

S'il s'agit, par exemple, d'occuper rapidement
une grande étendue de territoire où l'on ne doit
rencontrer que des forces insignifiantes, soit pour
répandre la terreur dans la contrée, soit pour empêcher des organisations nouvelles et surtout
pour enlever à l'adversaire les ressources du pays,
il sera utile de donner quelques troupes d'infanterie aux divisions de cavalerie. Elles trouveront
leur emploi dans l'occupation de quelque point
important, comme des ponts, des tunnels, dans
la surveillance des magasins, dans l'investisse-
ment des places fortes, etc.

C'est ainsi qu'après la bataille de Sedan, on
donna un ou deux bataillons d'infanterie aux
divisions de cavalerie qui précédaient la marche
des armées allemandes sur Paris. Dans les circonstances où l'on se trouvait, on n'avait pas à craindre de voir la cavalerie, soudainement repoussée,
laisser l'infanterie dans l'embarras, puisque les
forces qui restaient encore à l'ennemi ne lui per-

mettaient plus de tenir la campagne. Quand il s'agit de petits détachements d'infanterie, on peut généralement aussi la faire transporter en voiture, pour accélérer sa marche et lui permettre de suivre la cavalerie.

Mais ces situations n'exigent pas d'une manière absolue le concours de l'infanterie. La cavalerie peut satisfaire elle-même aux exigences qu'elles imposent. Toutefois, elle rendra d'autant plus de services qu'elle sera dispensée de détacher une partie de son monde pour les différents services auxquels il faut subvenir et qu'elle pourra remplir sa mission naturelle avec toutes ses forces.

La grande guerre offre un certain nombre de situations où ce concours de l'infanterie peut être utile, soit qu'il s'agisse, par exemple, de rester longtemps en observation sur un point, ou qu'on soit engagé dans une guerre nationale; les occasions en furent assez fréquentes pour les détachements employés au blocus de Paris. Quand même une cavalerie, pourvue d'une bonne arme à feu, pourrait à la rigueur se suffire à elle-même, en pareils cas, l'appui de l'infanterie ne pourra que lui être très utile. Du reste, pour peu que la situation se prolonge, les chevaux ne tardent pas à être bientôt surmenés par les alertes incessantes et le service répété des patrouilles.

Mais, pour en revenir à notre étude, il y avait tout d'abord une autre raison qui obligeait à faire occuper sans retard Wissembourg et Lauterbourg par des troupes d'infanterie de la 3ᵉ armée. Nous savons que cette armée a l'intention de se porter vers le sud aussitôt après sa concentration ; elle doit donc franchir la Lauter et s'emparer, en tout cas, de ces deux points. Pour Lauterbourg, la chose ne présente pas beaucoup de difficultés, mais Wissembourg est encore en état de faire une certaine résistance, si l'adversaire veut la défendre sérieusement, et peut nous obliger à tenter un assaut qui pourrait fort bien ne pas réussir et qui, même en cas de succès, exigerait relativement beaucoup de sacrifices.

En ce moment, Lauterbourg n'est pas occupé et Wissembourg ne paraît l'être que par un poste d'observation ; mais on a vu, dans les derniers jours, de la cavalerie ennemie circuler dans les environs, et ces places peuvent être renforcées d'un moment à l'autre.

La 3e armée n'est pas bien éloignée de prendre l'offensive, et elle pourrait certainement, pour s'emparer de ces villes, porter en avant les troupes dont elle peut déjà disposer ; mais elle ne peut prévoir si ces troupes ne viendront pas à se heurter contre des forces considérables et ne se verront pas ainsi entraînées dans une lutte qu'elle ne sera pas en mesure de soutenir. Un échec au début de la campagne aurait un effet des plus fâcheux. Il semble donc convenable de faire d'abord éclairer la situation par la cavalerie qu'on a sous la main, afin de ne pas exposer une partie de l'armée à une rencontre, avant que l'armée elle-même ne soit prête à entrer en ligne.

D'un autre côté, si la division rencontre au delà
de la Lauter quelques détachements ennemis,
même peu considérables, il faut occuper immédiatement Wissembourg et Lauterbourg, ainsi que
les principaux passages de la Lauter, qui se trouvent entre ces deux places.

Il n'est pas indifférent que la 3ᵉ armée soit
obligée de combattre pour s'emparer de ces points
ou qu'elle les occupe sans coup férir et qu'elle s'y
maintienne avec ses avant-gardes. Pour le moment, elle est en mesure de les faire occuper par
des avant-gardes, et la position qu'elles prendront
sur la Lauter couvrira mieux, en tout cas, le rassemblement de l'armée.

La situation générale exige donc déjà de faire
occuper la Lauter par des détachements mixtes,
du moment qu'on peut le faire sans combat.

Il en résulte ensuite une plus grande liberté
pour les mouvements de la cavalerie au delà de
la Lauter.

On voit donc par ces considération que l'insistance avec laquelle le général A. demande au général du 5ᵉ corps d'armée de le faire appuyer par
un détachement d'infanterie jusqu'à Wissembourg
était parfaitement fondée; mais quand il réclame
ensuite l'autorisation de disposer de ce détachement pour l'entraîner au delà de la Lauter, sa
demande n'est plus en aucune façon justifiée.
C'est à lui à savoir se tirer d'affaire avec sa cavalerie.

Les généraux commandant les deux corps

d'armée procèdent tout différemment dans l'appui qu'ils croient devoir prêter à la cavalerie. Cela peut parfaitement s'expliquer par la différence de leurs situations respectives en ce moment.

Le 5ᵉ corps n'a guère qu'une brigade disponible; il ne tient pas à s'engager avant d'avoir toutes ses forces disponibles, et il ne pourra que se féliciter si les mouvements de l'ennemi ne viennent pas lui forcer la main. De plus, cette brigade est nécessaire pour couvrir le rassemblement non encore terminé du corps d'armée, et plutôt encore du côté de la montagne que du côté de Wissembourg. Le corps ne peut donc disposer que d'une partie de cette brigade pour appuyer la cavalerie; le général attache avec raison une grande importance à ce que ses bataillons ne soient pas entraînés par le général A. au delà de la Lauter et se réserve même le droit d'y veiller lui-même.

Le 11ᵉ corps se trouve, au contraire, dans une position plus favorable. Il a déjà terminé sa concentration; il est protégé sur son flanc gauche par le Rhin et, de plus, son aile droite, très éloignée de l'ennemi, est encore couverte par le 5ᵉ corps. Il n'a donc qu'à se garder sur son front et a tout intérêt à se porter au delà du Bienwald, qui gêne singulièrement ses avant-postes. Il peut donc porter en avant toute la brigade d'avant-garde pour appuyer la cavalerie, qu'il dispense ainsi du soin de reconnaître la plus grande partie du Bienwald et d'observer le lendemain la route de Lauterbourg à Seltz.

L'INSTRUCTION DONNÉE AUX GÉNÉRAUX.

Le général de division donne ses instructions à ses généraux de brigade réunis autour de lui ; il leur fait connaître la mission prescrite à la division, les renseignements qu'il possède sur l'ennemi, leur expose les dispositions qu'il prendra pour se porter en avant et leur indique dans quelles limites il peut compter sur l'appui de l'armée.

Ces indications suffisent pour les mettre au courant de la situation et leur tracer la ligne de conduite à suivre pour le cas où ils auraient à agir isolément. Dans la cavalerie, il faut s'attendre à tout instant à détacher des brigades entières et, par conséquent, *il faut donner aux généraux de brigade des instructions beaucoup plus détaillées que dans une division d'infanterie.* Quand celle-ci a, en effet, quelque détachement à faire pendant sa marche, on a tout le temps nécessaire pour exposer la situation avec tout le calme voulu au chef du détachement et pour lui donner ses instructions. En général, ce détachement sera toujours en relation directe avec le gros de la division, qui pourra toujours l'appuyer en cas de besoin ; mais il n'en est pas de même dans la cavalerie, qui a de grands espaces à éclairer et doit exécuter ses mouvements avec rapidité ; le régiment ou la brigade échappe complétement au regard du général de division, qui perd dès lors toute action sur ces troupes détachées, et l'isolement dans lequel se trouvent ces dernières leur donne une indépendance beaucoup plus grande que cela n'a lieu dans une division d'infanterie.

C'est pour ce motif que le général de division s'adresse de préférence au commandant de la brigade qui va être détachée et échapper par suite pour longtemps à son action directe. Il n'a pas à entrer dans les détails des opérations que cette brigade aura à exécuter, il ne peut que lui donner des instructions générales. Ainsi, il croit devoir lui faire observer que, pour suveiller la route de Lauterbourg à Seltz et à Strasbourg, la brigade de hussards n'a pas besoin de marcher sur la route même. Le général de division veut par là relier plus intimement les parties séparées de sa division pour qu'elles puissent, en cas de besoin, se prêter un appui mutuel dans le courant d'une journée. C'est là une précaution qu'on ne doit pas perdre de vue, quand les circonstances le permettent. Si l'on est oblige de prendre une extension démesurée en largeur, ou si les colonnes se trouvent séparées par des obstacles impénétrables, comme la forêt de Haguenau, par exemple, cette réciprocité cesse d'elle-même.

Mais le général A. va plus loin et donne encore des instructions pour le surlendemain, ce qu'on ne doit pas faire en général, attendu qu'on ne peut prévoir la tournure que prendront les événements. Ici, toutefois, on a à peu près la certitude d'atteindre la Lauter, le 31 juillet, et, par conséquent, on peut donner des instructions générales pour les jours suivants, en ce moment même où

le général de division peut encore s'entendre directement avec le commandant de la brigade de
hussards.

Il est clair qu'on ne pourra jamais dire avec
certitude qu'une troupe détachée atteindra en
toutes circonstances un point situé dans la région
occupée par l'ennemi ; cela dépend évidemment
des dispositions que prendra l'adversaire. Mais on
peut très bien dire : Ne dépassez pas tel point
avec votre gros.

C'est ce qui arrive ici. La brigade doit chercher à atteindre, le 1er août, Nieder-Roderen, mais
sans dépasser ce point avec le gros de ses forces.
Cette recommandation était basée sur les considérations suivantes :

A Nieder-Roderen, la brigade de hussards a
devant elle la grande forêt de Haguenau, au centre de laquelle passe la route de Wissembourg à
Haguenau, que doit suivre le gros de la division.
Mais on ne peut pénétrer avec ces masses de cavalerie dans l'épaisseur de cette forêt, qui forme un
obstacle impénétrable entre les deux colonnes,
avant de l'avoir reconnue suffisamment. Si le
gros de la division, par exemple, rencontre l'ennemi en position en avant de la forêt ou sur la
lisière et qu'elle ne puisse aller plus loin, serait-il
sage de lancer à l'aventure toute la brigade de
hussards sur Fortsfeld par la route de Strasbourg,
surtout quand, à tout instant, on peut signaler
l'approche de grosses colonnes dans le flanc droit
de la division, par la route de Bithe à Reichshoffen
et Soultz?

On peut donc dire dès maintenant que si la cavalerie parvient à s'avancer jusqu'à la forêt de Haguenau, la colonne de gauche devra vraisemblablement s'arrêter provisoirement à Nieder-Roderen. Car il faut que le commandant de la division se renseigne sur ce qui se passe sur son front, ainsi que sur sa droite, avant de donner de nouvelles instructions générales. Et il doit, à cet effet, indiquer d'avance à la brigade détachée un point où elle devra se maintenir en toutes circonstances.

Quant aux instructions générales à donner alors, il serait difficile de les préciser, attendu que l'on ne peut deviner avec quelque vraisemblance les mouvements que l'ennemi peut faire dans l'intervalle.

C'est pour cette raison que le général de division ne peut, dès le 30 juillet, rien préciser pour le gros, parce qu'il ne peut prévoir dans le moment comment les affaires tourneront à Wissembourg. Il serait tout à fait inutile de lui indiquer déjà de nouvelles destinations pour la suite des opérations, car s'il disait, par exemple, comment il compte employer son gros dans les diverses éventualités qui pourraient se présenter, il pourra très bien arriver que l'on n'ait pas précisément prévu celle qui se réalisera. De telles instructions ne peuvent que troubler les subordonnés et montrer que le commandant de la division n'a aucune idée du commandement. D'ailleurs, il était d'autant plus inutile de le faire, dans le cas présent, que le général de division doit marcher aveć cette colonne et sera en mesure de prescrire sur les lieux les dispositions que réclameront les circonstances. Il suffit donc d'indiquer simplement au gros de la division l'heure et le lieu du rassemblement. La formation d'une avant-garde, l'envoi de flanqueurs sur les côtés, tout cela est superflu pour le moment, puisque les deux brigades ont à opérer leurs premiers mouvements, le lendemain matin, dans la zone occupée par l'avant-garde du 5ᵉ corps, dont les avant-postes couvriront suffisamment la colonne. Toutes ces dispositions ne seront nécessaires qu'après avoir franchi la ligne des avant-postes et on aura tout le temps pour les prendre; du reste, elles dépendront encore, en fin de compte, des renseignements qu'on recueillera auprès de ces avant-postes.

Le général appelle ensuite l'attention des commandants de brigade sur quelques points généraux que chacun d'eux connaît tout aussi bien que lui. Cependant, il ne faut pas perdre de vue que l'on se trouve au début de la campagne, que l'on va rencontrer l'ennemi pour la première fois, et il est nécessaire d'appeler l'attention sur des fautes qui se répètent sans cesse dans les manœuvres, pendant la paix, et qui ne pourront s'éviter que dans la suite quand on aura acquis un peu de pratique et d'expérience.

Il est inutile d'insister sur une des fautes capitales que l'on commet dans les manœuvres de paix, où l'on ne tient aucun compte de l'effet des armes de l'adversaire. A la guerre, on sait bien vite observer les précautions qu'il réclame.

Mais nous pouvons appeler l'attention sur une autre faute grave que l'on commet fréquemment aussi dans les manœuvres; nous voulons parler de la manière dont se font les attaques. L'on voit souvent un détachement envoyé en éclaireurs ou un peloton d'avant-garde se jeter sur toute cavalerie ennemie qui se présente, sans s'inquiéter de sa force ou des soutiens qui peuvent la suivre. Les jeunes officiers surtout se figurent généralement que le rôle de la cavalerie consiste à attaquer l'ennemi partout où on le rencontre. « Il est défendu, sous peine de cassation infamante, aux officiers de cavalerie de se laisser attaquer, disait Frédéric; ils doivent toujours attaquer les premiers. » Mais il ne faut pas conclure de ce mot du grand roi que l'on doit toujours attaquer l'ennemi, quand on l'aperçoit.

Si un peloton envoyé au loin rencontre un adversaire supérieur en forces, ne fait-il pas mieux de rejoindre d'abord son escadron pour attaquer de concert avec lui, que de se jeter immédiatement sur l'ennemi pour se faire battre avant de pouvoir être soutenu, ou forcer l'escadron à aller le dégager, peut-être dans des circonstances qui lui interdisent tout engagement?

Le général de division a donc raison de rappeler que la mission principale de la cavalerie consiste *à voir* et qu'il faut, par conséquent, éviter autant que possible de combattre. On ne doit s'y résou-

dre que quand on trouve l'occasion d'infliger un
dommage sérieux à l'ennemi ou quand les circonstances générales l'exigent. Mais par là il ne veut
certainement pas dire qu'un peloton isolé, par
exemple, doit reculer devant un peloton ennemi
qu'il rencontre ; s'il parvient à le repousser et à
lui faire perdre du monde, il aura précisément
porté préjudice à l'adversaire. L'exemple personnel du chef de peloton, sa confiance dans le courage
et l'adresse de ses hommes décideront la question;
seulement, il faut aussi agir avec la prudence nécessaire, et la première condition, quand on est
isolé, c'est de s'assurer s'il en est de même de
l'ennemi. Nous ne prétendons pas entraver l'ardeur de nos troupes, mais bien mettre nos officiers en garde contre ces attaques insensées.

Au reste, il importe peu pour la division qu'un
peloton ou un escadron subisse un échec sur quelque point, mais il n'en est plus de même dans certaines circonstances, s'il s'agit d'un grand corps
de troupes. Si, par exemple, on apprenait que la
brigade de hussards a rencontré l'ennemi avec des
forces considérables et qu'elle a pris une position
d'observation, on peut être à peu près sans inquiétude pour le flanc gauche des deux autres brigades.
En supposant même que les hussards soient re-
poussés, et que l'adversaire veuille marcher contre le flanc gauche de la division, la brigade de
hussards sera toujours en mesure de se reporter
en avant, et sa présence sur le flanc droit de l'ennemi rendra le mouvement moins dangereux pour

7

le gros de la division ou forcera l'assaillant à diviser ses forces. Mais si la brigade de hussards vient à s'engager tout entière et qu'elle soit complétement battue, il ne faut plus compter sur son concours et l'adversaire pourra se tourner tranquillement contre les deux autres brigades qui, en tout cas, se verront arrêtées dans leur marche.

C'est à des situations de ce genre que le général faisait allusion quand il disait : « Dans un combat, nous devons nous rappeler toujours que nous sommes isolés, et examiner sérieusement si la situation nous permet d'engager nos dernières réserves. » Il aurait pu aussi appeler l'attention sur les services que peut rendre le feu de quelques escadrons à pied. En présence d'un ennemi supérieur en forces, la cavalerie est souvent forcée de se replier sur une réserve. Si les deux partis adverses ont été violemment engagés, le vaincu se retirera généralement pêle-mêle avec le vainqueur. Pour dégager sa cavalerie repoussée, la réserve se portera alors en avant pour attaquer à son tour et devra se jeter dans la mêlée. Si la supériorité de l'adversaire lui permet de faire entrer en ligne de nouvelles forces, notre cavalerie subira de grandes pertes et l'ennemi ne la lâchera pas de si tôt. Mais, si tout à coup des balles viennent à siffler en tous sens dans ce tourbillon, la poursuite sera tout autre et s'arrêtera généralement sur l'heure. Par conséquent, si une brigade isolée, par exemple, veut tenter les chances d'un combat en face d'un adversaire supérieur en forces, elle fera bien de n'accepter le combat que quand le terrain lui présentera des avantages réels, ou qu'après avoir fait occuper quelques points bien situés par un ou deux escadrons à pied qui lui viendront puissamment en aide au moment du ralliement. Le feu de ces escadrons sera à coup sûr plus utile que l'attaque de deux escadrons de réserve, quand même les balles feraient quelques victimes dans les rangs amis.

Le général A. n'a pas dit un mot de cet emploi de la cavalerie *dans le combat à pied*, qui est cependant appelé à jouer un plus grand rôle que par le passé ; on fait, en effet, donner aujourd'hui des fusils à la cavalerie légère dans presque toutes les armées. Nous verrons dans la suite de cette étude dans quelles limites il convient de recourir au combat à pied ; contentons-nous pour le moment de quelques observations générales à ce sujet.

Dans la dernière campagne de France, on a souvent réclamé un meilleur armement pour la cavalerie, dans le but évident de se débarrasser des francs-tireurs. De bonnes armes seront tout aussi utiles pour la cavalerie, quand elle aura à combattre avec des armées régulières, mais à la condition de savoir s'en servir.

Souvent on a exprimé la crainte que la cavalerie ne soit atteinte dans son esprit offensif par l'introduction générale d'une bonne arme à feu ; c'est, en effet, ce qui arrivera si un système vicieux d'instruction fait du combat à pied, qui ne doit être que l'exception, le fond de la tactique du cavalier. Qu'on demande seulement à la cavalerie de prendre pour base de ces exercices à pied tout ou partie du règlement de manœuvres de l'infanterie, et on aura une troupe ruinée qui ne sera plus qu'une mauvaise cavalerie et une infanterie insuffisante. Du jour où l'on fera des formations en colonne, des déploiements, des marches, l'école de tirailleurs comme dans le règlement d'infanterie, il ne faut plus compter sur un cavalier bien dressé, confiant dans son cheval et sachant charger à fond et à rangs serrés.

Mais si l'on se contente d'instruire passablement les hommes dans le tir et la pratique du terrain, il restera un temps suffisant pour que l'instruction à cheval et l'esprit de la cavalerie n'aient point à souffrir. Il est aussi peu utile de leur apprendre la marche réglementaire en avant d'une ligne de tirailleurs que la marche en retraite. Celui qui sait se servir du terrain pour se couvrir et en même temps lâcher un coup de fusil bien ajusté, trouvera toujours le meilleur chemin pour se rapprocher de l'ennemi, s'il en a l'intention et si le cœur ne lui fait pas défaut.

Quant à la marche en retraite, chaque cavalier saura bien regagner au pas de course la place où il a laissé son cheval. Le combat en retraite est des plus difficiles et exige une grande instruction préparatoire ; il n'y faut pas songer pour la cavalerie qui n'a pas le temps de faire tous ces exercices.

Mais il est nécessaire que les officiers sachent

parfaitement apprécier les propriétés défensives du terrain et choisir la meilleure position à prendre, qu'ils sachent comment il faut l'occuper, qu'ils sachent, par conséquent, aussi juger quelles sont les parties du terrain qui se prêtent le mieux à la marche de l'adversaire.

C'est à des exercices de ce genre et au tir à la cible qu'il faut consacrer toutes les heures employées au combat à pied; mais alors qu'on les exécute avec tout le sérieux qu'ils comportent.

Si la cavalerie s'engage trop avant dans le règlement d'infanterie, elle s'expose à la tentation d'aller jusqu'au bout [1].

Toutefois, le combat à pied ne doit être considéré dans la cavalerie que comme un moyen exceptionnel. Mais les circonstances pourront placer souvent tous les régiments de cavalerie dans ces situations exceptionnelles, et il deviendra nécessaire d'alléger un peu nos cuirassiers pour leur donner également une bonne arme à feu. L'on finira aussi par compléter l'armement des uhlans, qui sera aussi insuffisant. Les régiments de uhlans qui ont sillonné la France en tous sens, le long chassepot sur le dos, ne faisaient qu'obéir à une nécessité évidente.

---

[1] Frédéric disait dans son instruction de 1743 : « Les dragons doivent être exercés aux manœuvres à pied, sur trois rangs, baïonnette au canon, et savoir manœuvrer aussi bien qu'un régiment d'infanterie. » Mais alors on n'était pas limité comme aujourd'hui à un service de trois ans.

ORDRES ET RAPPORTS,

L'ordre de la division pour le 31 juillet.

Nous avons indiqué en détail tout ce qui concerne un ordre de ce genre, dans la 1re étude sur l'art de conduire les troupes, 1re et 2e parties; nous ne ferons qu'en résumer ici les points principaux.

Il faut d'abord indiquer en quelques mots les renseignements qu'on possède sur l'ennemi, s'ils intéressent le mouvement projeté, exposer ensuite avec clarté et à grands traits le but que l'on poursuit, dans les limites nécessaires pour permettre aux officiers d'apprécier les situations et de prendre des décisions en harmonie avec les intentions du général, quand les circonstances le rendront nécessaire.

Il faut en même temps faire connaître quelles sont les autres colonnes avec lesquelles on peut se trouver en contact.

Puis viennent les prescriptions relatives à l'exécution, telles que la répartition des troupes, le lieu de rassemblement, l'heure du départ, les chemins à suivre, le but de la marche pour le moment; il faut indiquer où se trouvera le général de division, et, quand il s'agit de colonnes détachées, leur prescrire la conduite à tenir, si elles rencontrent l'ennemi.

On termine par les dispositions qui concernent les bagages et les équipages. La cavalerie, lancée isolément en avant en pays ennemi, ne peut couvrir tous les chemins, et il peut fort bien arriver que les convois soient menacés par l'apparition inattendue de quelque cavalerie ennemie ou harcelés surtout par ses coureurs ; aussi, au lieu d'en former plusieurs échelons, comme dans les divisions et les corps d'infanterie, il vaut mieux les concentrer autant que possible et les faire escorter. Il faut avoir soin aussi de ne pas les faire suivre de trop près, car la cavalerie est souvent exposée soit à de rapides mouvements rétrogrades, soit à des changements de direction qui pourraient compromettre les convois et la mettre elle-même dans des situations critiques.

C'est pour ce motif que, dans le cas présent, le convoi de la colonne de droite a reçu l'ordre de ne pas dépasser tout d'abord les avant-postes du 5e corps d'armée, le lendemain. Il recevra des ordres ultérieurement, quand la situation de l'autre côté de la frontière sera suffisamment éclaircie. On fera donc bien de laisser le convoi aussi loin en arrière que possible et de ne faire venir dans les bivouacs que les voitures indispensables.

Disons encore un mot du rapport à faire au gand quartier-général. Quand le grand quartier-général ou le quartier-général de la division ont à envoyer des ordres sur des points éloignés, il faut toujours s'assurer de leur arrivée exacte. Quand il s'agit de communications importantes, il est donc bon de ne pas les remettre à la poste de campagne, mais de les faire porter par des officiers ou des ordonnances choisies. En tout cas, il faut toujours un reçu, qui peut aussi se donner par le télégraphe, quand il y a urgence.

Il sera utile aussi d'indiquer sur le récépissé qu'on a compris la mission qui fait l'objet de la dépêche et que rien ne s'oppose à son exécution. Si on peut le faire par le télégraphe, il sera prudent de chiffrer la dépêche qui, du reste, doit être très-courte ; par exemple : « Reçu ordre du 29. Division partira 31 matin en deux colonnes sur Wissembourg et Schleithal. Détachement du 5ᵉ corps suit l'aile droite ; 47ᵉ brigade occupera en même temps Lauterbourg. »

Dans le cas présent, le général de division fit ce rapport un peu tard ; il lui fallait, en effet, un certain temps pour bien connaître et examiner la situation avec soin, mais, du reste, le quartier-général était déjà prévenu de la remise de l'ordre par le retour de l'ordonnance qui l'avait porté.

L'ordre du 31 juillet règle dans son dernier paragraphe les principaux points de service et rappelle en même temps à la mémoire quelques prescriptions relatives aux formations.

En général, il est convenable de séparer complétement ce qui concerne les mouvements des troupes de tout ce qui est instruction proprement dite ; le peu de temps dont on disposait ici ne le permit pas.

On pourrait s'étonner de voir exposer avec tant de détails tout ce qui concerne des prescriptions réglementaires. Mais l'expérience est là pour nous rappeler combien cela est nécessaire, et dès le début, il faut tenir sévèrement la main à leur exécution, car ces prescriptions sont souvent considérées par beaucoup d'officiers comme insignifiantes, tandis qu'au contraire, elles sont de la plus grande importance dans le service de la division de cavalerie. La suite de notre étude nous fera voir combien il arrive de rapports de tous côtés, surtout quand la ligne de contact est étendue. C'est au moyen de ces rapports que le commandant de la division ou son chef d'état-major se feront une idée complète de toute la situation, ce qui est si important pour eux dans leur position isolée ; ils formeront ensuite un ensemble de tous les renseignements essentiels qu'ils enverront au grand quartier-général. La chose serait-elle possible, si sur une douzaine de rapports qui arrivent à la division, les uns ne contiennent aucune indication d'heure, d'autres aucune indication de lieu, si d'autres enfin sont illisibles ? Il serait évidemment impossible de se faire une idée exacte de l'ensemble de la situation. Un rapport entaché de pareilles omissions, fût-il le mieux établi, ne peut être d'aucune utilité ; il pourra même produire du trouble dans les idées et nous entraîner à de faux mouvements.

Il est inutile d'insister sur ce qui concerne l'établissement des postes de correspondance. On a pu en constater l'utilité en campagne.

LE 31 JUILLET.

(*Planche* 3.)

Le général de division A. se rendit à 5 h. 45 m. du matin avec son état-major au rendez-vous des deux brigades au nord de Landau. Un instant avant son départ s'était présenté à lui un officier d'état-major envoyé par le grand quartier-général pour accompagner la division de cavalerie pendant les opérations.

A son arrivée, le général trouva les brigades occupées à se former; la 2e batterie à cheval arrivait également.

Le général réunit les commandants des brigades, leur fit encore quelques recommandations, principalement sur les précautions à observer pour habituer progressivement les chevaux aux fatigues; dans les derniers jours, il avait déjà fait très chaud, et la journée s'annonçait comme devant être très rude.

Il adressa ensuite quelques mots aux hommes, leur dit qu'il comptait que chacun ferait son devoir et donna l'ordre à la brigade légère de se mettre en marche (6 h. 15 m.), en lui faisant indiquer sa route par un aide de camp. La brigade devait contourner Landau à l'est par un chemin qui longe l'extérieur du mur d'enceinte et gagner ensuite au sud de la place la grande route de Wissembourg, qu'elle devait suivre. La batterie à cheval reçut l'ordre de se joindre à la brigade légère et la brigade de grosse cavalerie de former la queue de la colonne.

Le général regarda défiler ses troupes, mais comme la colonne avait une longueur de 4,500 pas et devait bien mettre une demi-heure pour défiler, il n'attendit pas la fin et se hâta de regagner la tête de colonne.

Celle-ci avait alternativement marché au pas et au trot. Malgré la rapidité de son allure, le général ne l'atteignit qu'à 7 h. 15 m. à l'embranchement du chemin de Billigheim à Klingenmunster avec la grande route.

On avait déjà fait deux lieues et demie. Le général de brigade C. donna l'ordre de faire la première halte et en fit prévenir la brigade de grosse cavalerie par un officier d'ordonnance.

Le commandant de la division avait déjà envoyé son deuxième officier d'ordonnance à Billigheim pour s'informer si le général X., commandant l'avant-garde du 5e corps, avec lequel il désirait s'entendre, s'y trouvait encore.

Cet officier revint bientôt annoncer que le général X. était parti à cheval pour Bergzabern, depuis près de trois quarts d'heure.

Le commandant de la division se décida à y aller lui-même et chargea le général C. de faire sonner à cheval après un repos de dix minutes, pour continuer la marche sur la route de Bergzabern, en prenant alternativement le pas et le trot, suivant le terrain.

En approchant de Bergzabern, à deux lieues
du point où la division s'était arrêtée, à 7 h. 45 m.,
il rencontra un bataillon du 5ᵉ corps en marche ;
un deuxième, cantonné dans le village, était en
train de se réunir ; la batterie et un escadron
étaient déjà prêts. Le général de brigade X. était
encore chez le colonel K. qui logeait dans le village
et qui devait commander le détachement destiné
à suivre la division de cavalerie.

Le général A. alla trouver ces deux officiers
pour s'entendre avec eux. Le commandant de la
brigade l'informa qu'il ne s'était rien passé d'important depuis la veille et qu'aujourd'hui, à 5 h.
30 m. du matin, un peloton de uhlans s'était de
nouveau porté en reconnaissance sur Wissembourg, mais que, jusqu'à présent, on n'en avait
reçu aucune nouvelle. Le colonel K. ajouta que
les avant-postes se trouvaient en avant et tout
près du défilé de Bergzabern et qu'ils observaient
le terrain jusqu'à Ober et Nieder-Otterbach.
L'important pour le général A. était surtout de
savoir quels renseignements on avait sur la présence de l'ennemi dans le terrain montagneux et
boisé qui se trouvait sur le flanc droit de sa marche.
Le général X. lui dit « qu'il portait toute son
attention de ce côté et qu'il y faisait circuler sans
cesse des patrouilles ; mais jusqu'à présent, l'ennemi ne s'est pas montré. Du reste, le petit nombre et la nature des chemins rendent peu vraisemblable la marche de grosses masses ennemies dans
ce terrain montagneux ; néanmoins, il y portera

encore dans la journée quelques compagnies qui pourront lancer des patrouilles au loin. »

Pendant cet entretien, un des aides de camp de la division vint prévenir que la tête de la division approchait de Bergzabern (8 h. 45 m.). Le général A. fit donner l'ordre par son chef d'état-major au général C. « de traverser le village avec la colonne et de l'arrêter pour la halte en un point convenable de l'autre côté. La brigade de dragons formera l'avant-garde et prendra ses dispositions en conséquence ; elle fera marcher un escadron sur Schweighofen pour couvrir sa gauche et cherchera à se mettre en communication avec la brigade de hussards. On attendra l'arrivée du général de division pour se remettre en marche. »

Le général A. demanda encore au colonel K. dans quelle mesure il pouvait compter sur son concours. Le colonel lui fit observer qu'il s'en tiendrait aux instructions qu'il avait reçues de son général de brigade, tout en se déclarant prêt à suivre la division de cavalerie jusqu'à Wissembourg. Le colonel y consentit et l'assura qu'il ferait marcher la batterie à la queue de la division, et qu'il ferait en outre couvrir le flanc droit par quelques patrouilles de ses uhlans qui connaissaient déjà le terrain.

Le commandant de la division étant remonté à cheval, rencontra la brigade de grosse cavalerie qui défilait dans le village ; ses chevaux paraissaient avoir étonnamment chaud (8 h. 25 m.). Le général voulut en connaître le motif ; il apprit que l'ordre de la halte avait été donné ainsi par l'officier d'ordonnance : « La brigade s'arrêtera jusqu'à nouvel ordre. » Lorsque ensuite la brigade légère se remit en marche, la brigade de grosse cavalerie ne reçut aucun ordre, et son chef, après avoir vainement attendu quelque temps, se porta lui-même en avant pour aller trouver le commandant de la division, qu'il croyait à la tête de la colonne ; mais celui-ci n'y était déjà plus; néanmoins, il apprit par le général C. qu'il était dans les intentions du général de division que toute la colonne se mît en marche. Il fallut encore un certain temps avant de se remettre en route, de sorte qu'on fut obligé de presser l'allure pour réparer le temps perdu.

Le commandant de la division pria son aide de camp de lui rappeler plus tard cet incident. Il alla ensuite à la recherche du général C. et lui demanda s'il avait pris ses dispositions pour former l'avant-garde et s'il lui avait déjà donné ses instructions ainsi qu'au détachement de flanqueurs. Le général lui dit que l'avant-garde serait formée par le 1er régiment de dragons, que le 1er escadron s'était déjà porté à 600 pas en avant et que le 4e escadron destiné à flanquer la colonne avait reçu les instructions nécessaires.

Le général de division donna ensuite l'ordre de faire partir l'avant-garde et fit prier le commandant du 4e escadron de venir lui parler. Il lui fit répéter les instructions qu'il avait reçues : il devait suivre le chemin qui part à l'Est d'Ober-

Otterbach pour aller traverser l'Otter et se diriger sur Schweighofen, afin de se relier avec la brigade de hussards qui marchait de Winden sur Schleithal.

Le général lui recommanda de rester en même temps toujours en communication avec le gros de la division. S'il apprenait l'arrivée du gros devant Wissembourg, il pourrait s'avancer jusqu'à Saint-Remy sur la Lauter et s'assurer du pont qui s'y trouve. Mais avant de le traverser, il devait avoir soin de bien faire éclairer l'autre rive, où la veille on avait encore aperçu de la cavalerie ennemie. Il attendrait des ordres à l'entrée de la route de Lauterbourg dans le Niederwald.

Sur ces entrefaites, le 1er escadron du 1er dragons était parti au trot, précédé par un peloton au galop ; les deux autres escadrons suivaient au pas, après avoir détaché un peloton pour couvrir leur flanc droit ; le 4e escadron à son tour se mettait en mouvement.

Puis, venaient à 600 pas en arrière, le 2e régiment de dragons et la batterie à cheval, et à 600 pas plus loin, la brigade de grosse cavalerie.

Il était près de 9 h. lorsque l'escadron d'avant-garde arriva devant Ober-Otterbach. Le peloton de tête fouilla rapidement le village ; on ne trouva rien, et de plus, les autorités du lieu déclarèrent qu'aucun soldat ennemi n'était arrivé jusque-là. L'escadron fit le tour du village, pendant que le reste du régiment le traversait au trot. Le général A. se porta sur une petite hauteur située à l'est du village, d'où la vue pouvait s'étendre assez au loin. De ce point on apercevait la grande route qui disparaissait dans Rechtenbach et l'on commençait à distinguer à peu près dans son prolongement les clochers de Wissembourg et les sommets de quelques grands bâtiments qui émergeaient derrière un léger pli de terrain. En arrière de la ville, s'élevait un contrefort qui paraissait très escarpé et dont les pentes s'abaissaient assez brusquement dans la plaine. A l'ouest de la route, le terrain s'élevait progressivement et présentait un grand nombre de sommets boisés qui allaient se relier à la chaîne des Vosges. A l'est, le pays était couvert de blés et généralement plat, avec de légères ondulations, et offrait un magnifique champ de bataille pour de grandes masses de cavalerie. Sur la gauche et en avant, on apercevait un nuage de poussière qui indiquait la marche du 4e escadron du 1er régiment de dragons.

Tout à coup, le général s'aperçut que l'escadron d'avant-garde s'arrêtait à moitié chemin de Rechtenbach et quittait la route pour se déployer. Aussitôt après, un sous-officier de dragons vint le prévenir qu'un peloton de lanciers ennemis se trouvait au sud-est de Rechtenbach. Le général parût assez mécontent et envoya aussitôt au galop son chef d'état-major pour dire au général de brigade « que la division ne devait pas se laisser arrêter dans sa marche par un simple peloton de

cavalerie, et qu'il fallait le poursuivre. » Il prescrivit en même temps au chef d'état-major de
rester à l'escadron d'avant-garde. Avant l'arrivée
de cet officier, la tête se remettait déjà en marche
et bientôt après on fut informé par un nouvel avis
que la cavalerie qu'on avait aperçue n'était pas
de la cavalerie ennemie, mais une patrouille de
l'avant-garde du 5ᵉ corps qui revenait de faire
une reconnaissance sur Wissembourg.

Le général A. se mit en marche et rencontra
sur la route le chef du peloton. Cet officier lui
rendit compte « qu'il s'était avancé jusqu'au sud
de Schweigen et que de là, il avait envoyé des
patrouilles sur Wissembourg, vers les portes de
Bitche et de Landau et du côté d'Altenstatt. Les
deux premières avaient reçu quelques coups de
feu tirés des remparts; un uhlan avait été légèrement blessé et un cheval tué; la 3ᵉ avait rencontré trois chasseurs à cheval à Altenstatt. Après
avoir rallié les uhlans envoyés vers la porte de
Bitche, il s'était porté au trot avec son peloton
sur Altenstatt, en se couvrant du côté de Wissembourg et avait repoussé deux patrouilles de
chasseurs. Il avait, à la vérité, reçu quelques
coups de feu tirés de la lisière du village et avait
aperçu un escadron ennemi de l'autre côté de la
Lauter.

Il était alors resté près d'une demi-heure à
Windhof, mais voyant que l'ennemi demeurait
tranquille, il s'en allait rejoindre l'avant-garde
du 5ᵉ corps. On ne voyait aucun mouvement de

8

troupes sur les hauteurs en arrière de Wissembourg. »

Le général l'invita à prévenir son corps, s'il ne l'avait déjà fait, et à rester provisoirement près de sa personne avec son peloton, attendu que les uhlans connaissaient déjà le terrain.

La tête de colonne avait quitté la grande route à Rechtenbach pour prendre un chemin qui va la rejoindre de nouveau au sud-est de Schweigen ; c'est à ce point que le général l'atteignit. Il la fit arrêter quelques instants et donna les ordres suivants au général de brigade C., qui avait déjà parlé également à l'officier de uhlans.

« Avancez-vous avec un régiment aussi près que possible de Wissembourg, en vous couvrant du côté de la porte de Landau. Le commandant de la batterie cherchera une position d'où il puisse canonner cette porte avec deux pièces. Assurez en même temps votre droite en faisant reconnaître les ponts en amont, en barrant la route de Bitche, et en vous éclairant du côté de la montagne. La patrouille de uhlans qui y était auparavant vous indiquera le chemin. Mais ne commencez pas le feu avant le retour de mon chef d'état-major que j'envoie en parlementaire.

« Portez l'autre régiment et le reste de la batterie sur Altenstatt, et emparez-vous du pont. Faites en même temps reconnaître la Lauter avec soin.

« La brigade de grosse cavalerie s'avancera jusqu'à Windhof. »

Le général donna ses instructions au commandant V. pour aller sommer le commandant de Wissembourg de rendre la place. Il était autorisé à accorder le libre départ des troupes, mais seulement pour le cas où on ne pourrait obtenir autrement la reddition de la place. Cet officier partit avec un trompette et un cavalier.

Le général fit prévenir ensuite par un officier d'ordonnance la brigade de grosse cavalerie « de suivre jusqu'à Windhof le régiment de dragons qui se portait sur Altenstatt. La brigade devait en même temps reconnaître les passages du Russgraben, pour le cas où la division, au lieu de revenir sur Rechtenbach, se replierait sur ce ruisseau. » L'officier d'ordonnance reçut l'ordre de faire lui-même cette reconnaissance.

On reçut avis en ce moment que la brigade de hussards était arrivée à 8 h. à Winden et qu'elle avait ensuite continué sa marche sur Schleithal; elle avait été informée par le 11ᵉ corps que celui-ci n'avait encore rien aperçu; on donna connaissance au chef de la patrouille de la situation des choses à la colonne de droite.

En exécution de ces ordres et à la suite des dispositions prises par le général C., la brigade légère se trouvait à 9 h. 30 m. aux points suivants (voir planche 4, croquis n° 1):

1ᵉʳ *régiment de dragons :* le 3ᵉ escadron se dirigeait vers la porte de Bitche, en traversant les vignes situées au nord de la ville, précédé par des patrouilles qui couraient en avant reconnaître la Lauter en amont de Wissembourg.

Les 1er et 2e escadrons se trouvaient derrière un moulin sur la route de Schweighofen à Wissembourg à environ 800 pas de la porte de Landau, avec un peloton poussé en avant jusqu'à une maison située à l'Ouest et un deuxième sur la gauche jusqu'à un pont de la Lauter; les deux pièces étaient en batterie à droite et en arrière. Jusque là, on n'avait pas encore tiré des remparts, mais tout à coup, on vit apparaître différents fanions avec la croix de Genève sur les clochers et divers bâtiments. Le parlementaire avait été introduit dans la ville.

Le 4e escadron du 1er régiment était arrivé à Saint-Remy, où il avait rencontré une patrouille ennemie qu'il avait culbutée, puis il avait occupé le pont avec un peloton et s'était déjà mis en marche pour gagner le point où la route de Wissembourg entre dans le Niederwald.

2e régiment de dragons : le 4e escadron était arrivé au pont de la Lauter à Altenstatt et l'avait occupé avec deux pelotons à pied; les deux autres pénétraient dans l'intérieur du village pour le reconnaître.

La tête du 1er escadron atteignait en même temps le pont du chemin de fer situé à l'Est qu'il devait occuper; il avait envoyé une patrouille vers Saint-Remy, pour chercher à se relier avec le 4e escadron du 1er dragons et reconnaître la Lauter.

Les 2e et 3e escadrons entraient dans Altenstatt par le Nord, suivis des deux pièces. Le commandant de ces deux pièces s'était rapidement porté en avant pour prendre position à l'est du village, mais sans quitter la rive gauche de la Lauter.

La brigade de grosse cavalerie était encore à environ 400 pas de Windhof. La reconnaissance du Russ-Graben avait fait voir qu'on pouvait passer ce ruisseau partout dans la partie ouest de son cours; mais à l'est, quelques prairies maréca-geuses en rendaient le passage assez difficile.

Le commandant de la division s'était porté avec le commandant de la brigade légère sur la hau-teur de Windhof, d'où la vue pouvait s'étendre assez loin. On apercevait encore des coureurs ennemis de l'autre côté de la Lauter; on reçut aussi l'avis qu'un ou deux escadrons ennemis se trouvaient derrière le remblai du chemin de fer.

Dans ces circonstances, le général A. prescrivit aux dragons de ne pas dépasser Altenstatt, mais d'occuper cependant la partie du village située sur la rive droite de la rivière, jusqu'à ce que la situation se fût éclaircie à Wissembourg (9 h. 45 m.). Aussitôt après, il aperçut les deux esca-drons postés au moulin situé devant la porte de Landau qui se mettaient en mouvement, et trois minutes après, il vit arriver le chef d'état-major, qui revenait de la mission dont il avait été chargé à Wissembourg. Cet officier rendit compte « que la ville était inoccupée et avait ouvert ses portes. Trente douaniers qui s'y trouvaient l'avaient rapi-dement évacuée à l'approche de la division et étaient partis sur des voitures préparées à l'avance.

Le 1ᵉʳ dragons avait, en conséquence, profité de l'occasion pour s'emparer de la porte de Landau. »

Le général de division prescrivit à la brigade légère de faire occuper la ville par le 1ᵉʳ dragons et d'observer en même temps les routes de Bitche, de Wörth et de Strasbourg. Les deux pièces durent rejoindre leur batterie et le 2ᵉ dragons repousser l'ennemi qui se trouvait devant lui ; la brigade de grosse cavalerie devait suivre ce régiment.

Les ordres nécessaires à cet effet furent envoyés à la brigade de grosse cavalerie.

Le général C. fit porter par un officier d'ordonnance au colonel G., commandant le 1ᵉʳ dragons, l'ordre qui le concernait, en lui recommandant de se borner pour le moment à l'occupation des portes et à la remise des armes.

L'intendant de la division demanda au général A. l'autorisation de se rendre à Wissembourg pour requérir les provisions qui s'y trouvaient. Le général fit prévenir par une ordonnance le détachement en marche du 5ᵉ corps que Wissembourg était évacué par l'ennemi et que l'infanterie pouvait l'occuper. Cette ordonnance fut chargée en même temps de porter le télégramme suivant au quartier-général du 5ᵉ corps, pour l'expédier au grand quartier-général.

Au grand quartier-général de la 3ᵉ armée.
Le 30 juillet, au nord d'Altenstatt, 9 h. 3/4 du m.

Wissembourg occupé par nous, trente douaniers qui s'y trouvaient se sont retirés. Un ou deux escadrons ennemis au sud d'Altenstatt. Nous occupons les ponts de la Lauter, que l'on vient de franchir pour les repousser.

1re division de cavalerie.

Enfin, le général A. invita le commandant du peloton de uhlans du 5e corps d'armée à se mettre provisoirement sous les ordres du 1er régiment de dragons jusqu'à l'arrivée du colonel K. avec son détachement et le chargea d'éclairer particulièrement la route de Bitche. Le général suivit ensuite la brigade de grosse cavalerie qui s'avançait au grand trot, le régiment de uhlans dans la direction du pont du chemin de fer, et celui de cuirassiers sur Altenstatt. Un instant avant son départ, le commandant de la batterie légère que le colonel K. avait envoyé d'avance sous l'escorte de deux pelotons de uhlans, était venu se présenter à lui.

Le général A. mit cette batterie sous les ordres du commandant de l'artillerie de la division, en recommandant à ce dernier de lui trouver une position convenable pour protéger le passage de la Lauter. Les deux pelotons de uhlans, ainsi que celui qui se trouvait déjà sur les lieux, furent dirigés sur Wissembourg, pour éclairer les routes qui de là se dirigent vers l'Ouest et le Sud.

La situation se dessina très rapidement à Altenstatt. Le 4e escadron du 2e dragons s'avança jusqu'à la lisière sud du village, qu'il fit occuper par environ 90 hommes, auxquels on avait fait mettre pied à terre ; ces hommes engagèrent aussitôt le feu avec les chasseurs, qui étaient également pied à terre et s'étaient embusqués derrière le remblai du chemin de fer. Plus en arrière, on apercevait environ un escadron à cheval.

. Sous la protection de ce feu et des maisons qui les couvraient, les 2ᵉ et 3ᵉ escadrons, après avoir passé la Lauter, se déployèrent à la lisière Est du village. Le commandant du régiment, après avoir reconnu la position, put se convaincre qu'il ne fallait pas songer à attaquer de front l'adversaire, attendu qu'il aurait fallu gravir sous ses yeux le remblai du chemin de fer, qui est assez élevé et assez escarpé en cet endroit. Il résolut donc d'appuyer un peu à gauche pour se porter ensuite en avant à l'est du chemin de fer de Strasbourg et de faire rejoindre en même temps le 1ᵉʳ escadron qui trouvait aussi quelques difficultés à passer la Lauter au pont du chemin de fer, par suite de l'élévation du remblai.

L'adversaire s'était déjà retiré avant que le mouvement ne fût exécuté.

Le 4ᵉ escadron du 1ᵉʳ dragons avait, en effet, sur ces entrefaites, atteint avec trois pelotons l'entrée de la route de Wissembourg dans le Niederwald. En voyant le feu s'engager à la lisière d'Altenstatt et au chemin de fer, le commandant de l'escadron n'avait pas hésité à se porter au feu et s'était dirigé au galop vers le pont du chemin de fer qui se trouve au sud-est de Gut-Leithof.

Ce mouvement força aussitôt l'adversaire, qui n'avait guère qu'un escadron, à précipiter sa retraite. Son gros eut encore le temps de s'échapper par la route de Riedseltz, en passant près du 4º escadron, mais le peloton de tirailleurs qu'il avait au chemin de fer ne put suivre la même route; il remonta rapidement à cheval et se dirigea par le Geisberg vers la vallée de la Seltz.

Au moment où l'ennemi se retira, le 4º escadron du 2º dragons déboucha de la lisière du village et gagna rapidement le chemin de fer, derrière lequel on trouva un mort et deux blessés abandonnés. Le commandant du régiment avait déjà gravi le remblai avec ses 2º et 3º escadrons, qui avaient été rejoints aussi par le premier. Il dirigea le deuxième sur le Geisberg, et avec les premier et deuxième suivit le long de la grande route le 4º escadron du 1ᵉʳ régiment qui se trouvait en avant.

La batterie à cheval, après avoir encore envoyé deux obus aux cavaliers qui se retiraient par le Geisberg, rejoignit avec la batterie légère le régiment de cuirassiers qui traversait Altenstatt au trot et s'avança jusqu'à Gutleihof; le régiment de uhlans se plaça à gauche et à la même hauteur à l'est du chemin de fer. Arrivés là, ces deux régiments reçurent du général de division l'ordre de s'arrêter. Cet officier général, qui se trouvait alors à Saint-Remy, avait remarqué que l'escadron de dragons, qui était chargé de couvrir le flanc gauche, se portait sur la route de Strasbourg, et il avait aussitôt invité le commandant de grosse cavalerie à lancer un escadron sur la route de Lauterbourg pour se garder de ce côté. Cet escadron devait se relier par une forte patrouille avec la brigade de hussards qui marchait sur Schleithal. Le général A. lui avait recommandé aussi de couvrir son flanc droit en envoyant un détachement vers le plateau du Geisberg.

Le commandant de la brigade désigna en conséquence un escadron de uhlans pour aller sur la route de Lauterbourg, et un escadron de cuirassiers pour gravir le Geisberg.

Le général commandant la brigade de dragons reçut ensuite l'ordre de ne pas pousser la poursuite au delà de Riedseltz avec la partie de sa brigade qu'il avait près de lui, mais d'observer la route de Fort-Louis et celle qui va à Lauterbourg par Schleithal. Le général de division donna directement au 4e escadron du 2e dragons, qui était resté à Altenstatt et au chemin de fer, l'ordre de rejoindre son régiment. Il était déjà 10 heures et quelques minutes.

Le général de division se porta lui-même sur le plateau du Geisberg, où il rencontra d'abord le 2e escadron du 2e dragons près de la ferme de Schafbusch, avec des flanqueurs vers Steinseltz.

Là il reçut successivement les avis suivants :

Le premier, daté de Wissembourg, venait du colonel G., commandant le 1ᵉʳ dragons :

1ʳᵉ div. de cavalerie. Wissembourg, le 31 juillet 1870,
2ᵐᵉ brigade. 9 3/4 du matin.
1ᵉʳ dragons.

Les portes de la ville, la poste et la gare sont occupées, un demi-escadron est en reconnaissance sur la route de Bitche, l'escadron de uhlans du 5ᵉ corps va se porter sur la route de Wörth. Le colonel K., commandant le détachement du 5ᵉ corps, est arrivé ici, suivi de ses deux bataillons. Je demande où je dois maintenant porter mon régiment.

Le colonel, G.

On lui répondit :

« Aussitôt que l'infanterie sera arrivée, le régiment de dragons se portera sur la route de Wissembourg à Riedseltz jusqu'à Schafbusch ; de là, il enverra prendre les ordres de sa brigade, qui est en marche sur la route d'Altenstatt à Riedseltz. Le demi-escadron qui a été envoyé sur la route de Bitche y restera jusqu'à ce qu'il soit relevé par le 5ᵉ corps et éclairera le terrain jusqu'à deux lieues de Wissembourg. »

On informa la brigade de ces dispositions.

Le deuxième rapport venait du général C., commandant la brigade de dragons :

« L'escadron ennemi qui s'est retiré occupe le

pont de la Seltz à Riedseltz. La tête de la brigade
est arrivée devant le village, les patrouilles qui
se sont portées en avant par Riedseltz-Oberdorf
annoncent qu'une forte cavalerie, deux à trois
escadrons environ, s'est avancée au trot par la
route de Strasbourg et est arrivée derrière le
village. Le général demande qu'on envoie la
batterie à cheval pour chasser l'adversaire,
attendu que les prairies où coulent la Seltz em-
pêchent de la passer ailleurs que sur les ponts. »

Le général de division renvoya l'officier d'ordonnance qui avait apporté ce rapport en le priant
de dire à son général « de ne pas s'engager pour
le moment et qu'il va aller le trouver. L'artillerie
et la brigade de grosse cavalerie se sont portées
en avant pour l'appuyer. »

Avis en fut envoyé au général B., commandant
la brigade de grosse cavalerie.

Le général de division fit appeler le commandant de l'escadron qui se trouvait à proximité
(2ᵉ du 2ᵉ dragons) et lui ordonna « de passer la
Seltz à Steinseltz et de s'avancer ensuite sur
Riedseltz. Il lui recommanda d'agir avec prudence, parce que la présence d'un régiment de
cavalerie ennemie était signalée dans ce village,
et lui dit qu'il devait plutôt faire une démonstration qui entraînerait peut-être l'ennemi à renoncer à la défense du village. »

Le général de division jeta encore un regard
sur le terrain situé en avant. La ligne de hauteurs
qui longe l'autre rive de la Seltz était plus basse

que celle où il se trouvait; on y voyait quelques patrouilles de cavalerie; toutefois, le plateau n'avait pas plus de 1,500 pas de largeur et de gros détachements ennemis pouvaient très bien avoir pris position sur la pente opposée. Au delà, se succédaient une série de contreforts étroits et parallèles, qui permettaient facilement d'abriter de grandes masses. On devait donc agir avec d'autant plus de prudence qu'on connaissait déjà la présence d'environ un régiment de cavalerie dans ce terrain et qu'il était probable que d'autres troupes le suivaient ou se trouvaient à proximité. Sur le terrain découvert au Sud et à peu de distance de Riedseltz, on voyait distinctement deux escadrons en position, et de nombreux coups de feu partaient de la lisière nord du village. Le talus escarpé qui descendait de Schafbuch dans la plaine ne permettait pas de distinguer complétement la position de nos troupes, on ne voyait qu'un escadron à Riedseltz-Oberdorf vers le chemin de fer.

Le général descendit la route au galop, puis s'engagea, en ralentissant un peu son allure, dans un chemin creux qui s'en détache pour tomber dans la plaine, fermement résolu à chasser l'adversaire de Riedseltz, car il ne pouvait songer à faire bivouaquer la division entre ce village et Altenstatt, tant qu'il ne serait pas maître de Riedseltz. Il se trouvait à trop peu de distance en avant des défilés de la Lauter, et ses postes avancés auraient même été à moins d'une lieue de ces défilés (10 h. 30 m).

Au moment où il débouchait du chemin creux sur la route d'Altenstatt, il rencontra le général C., commandant la brigade de dragons; il avait avec lui trois escadrons du 2⁰ dragons, le 4⁰ escadron du 1ᵉʳ dragons était caché derrière Riedseltz-Oberdorf (planche 4, croquis n⁰ 2). On voyait les deux batteries s'avancer rapidement sur la chaussée. Le commandant de l'artillerie dirigea la batterie à cheval sur le pont du chemin de fer qui se trouve au nord-est de Riedseltz-Oberdorf et demanda au général C. une escorte pour l'appuyer. Cet officier général lui désigna, à cet effet, les trois escadrons du 2⁰ dragons, dont il pouvait disposer facilement, attendu que la brigade de grosse cavalerie venait d'arriver à environ 1800 pas en arrière de Riedseltz, à l'est de la route.

La batterie légère reçut l'ordre de s'avancer encore quelques centaines de pas et d'ouvrir le feu contre Riedseltz. Elle commença aussitôt à tirer, mais sans pouvoir déloger l'adversaire de la lisière du village. Dans l'intervalle, la batterie à cheval avait pris position, pour prendre l'ennemi en flanc, sur un petit monticule situé au sud-est de la station de Riedseltz-Oberdorf. De là, elle ouvrit aussi son feu, huit minutes après la première, contre un escadron qu'on apercevait encore de l'autre côté du ruisseau et contre les chevaux d'un escadron qui avait mis pied à terre (10 h. 45 m.).

Au premier coup venant de cette direction, l'adversaire abandonna sa position et se retira.

Ainsi pris en flanc par l'artillerie, il ne put suivre la route de Strasbourg et fut obligé de prendre un chemin plus à l'ouest, qui conduit à la ferme de Diefenbach.

Sur ces entrefaites, le 2ᵉ escadron du 2ᵉ dragons s'était porté par Steinseltz pour menacer le flanc de l'ennemi. Mais l'adversaire avait déjà dirigé un escadron de Riedseltz sur les hauteurs pour y prendre position et pour couvrir son flanc gauche.

Le commandant de cet escadron de dragons ne pouvant pas bien distinguer la force de l'ennemi que lui cachait le sommet 647 situé en avant, se replia, suivant les instructions qu'il avait reçues, jusqu'au premier chemin qui mène à Steinseltz. Là, les deux escadrons s'étaient arrêtés à 1,200 pas l'un de l'autre et avaient porté des flanqueurs en avant, qui s'étaient tiraillés sans grand résultat. Cependant, le commandant de l'escadron ne tarda pas à être informé de la retraite de l'ennemi par un sous-officier de dragons qu'il avait détaché sur les pentes de la Seltz pour observer ce qui se passait à Riedseltz. Il crut alors le moment convenable pour attaquer les chasseurs qu'il avait en face. Les 2ᵉ et 3ᵉ pelotons attaquèrent de front, le 4ᵉ sur le flanc gauche ; le 1ᵉʳ se tenait en deuxième ligne sur la droite. Les chasseurs firent demi-tour par peloton et se replièrent au trot ; mais voyant que leurs deux autres escadrons n'avaient pas encore fini de passer le ruisseau du Lehwiesbächel, ils se remirent face en tête après

avoir fait 300 pas et revinrent aussitôt à l'attaque.
Les deux lignes se traversèrent. La droite des
chasseurs se jeta sur le peloton de flanqueurs des
dragons, tandis que leur gauche entoura en partie
leur 2ᵉ peloton.

Le 1ᵉʳ peloton de dragons, resté jusque là en
arrière, chargea cependant la gauche de l'ennemi,
et après une courte mêlée, l'adversaire se préci-
pita en désordre sur le pont. La mêlée s'était
rapidement terminée, grâce à l'arrivée de la tête
du 4ᵉ escadron du 1ᵉʳ dragons qui débouchait de
Riedseltz sur le chemin de Steinseltz et à la marche
du 1ᵉʳ escadron de cuirassiers qui s'approchait au
galop par Steinseltz. On poursuivit jusqu'au
pont, où le commandant de l'escadron, voyant
de l'autre côté le reste de la cavalerie ennemie en
position pour recueillir les vaincus, fit aussitôt
sonner le ralliement. Le feu des flanqueurs de
l'adversaire força l'escadron à se mettre à l'abri
derrière la hauteur pour se reformer. Il fut rejoint
sur ce point par le 4ᵉ escadron du 1ᵉʳ dragons ;
les trois autres escadrons du 2ᵉ dragons et la batterie à cheval s'avançaient par la route de Strasbourg, après avoir reconnu la difficulté de passer
par le pont du chemin de fer (11 h. 10 m.).

Le général de division, qui s'était porté à l'embranchement des routes au nord de Riedseltz,
donna l'ordre à la brigade de dragons de ne pas
continuer la poursuite, mais sans perdre cependant le contact avec l'adversaire. Il fut prescrit
à la brigade de grosse cavalerie de ne pas dépasser

le défilé de la Seltz et aux deux escadrons et demi arrivés à Schafbuch de rejoindre leur brigade.

L'ennemi se retira à l'ouest de la grande route et prit position en arrière du défilé d'Ingolsheim, où il resta quelque temps en observation, pour rallier sans doute les hommes qui étaient encore dispersés, puis il continua sa retraite par la grande route.

Le général C. détacha le 4e escadron du 2e dragons jusqu'au défilé d'Ingolsheim, pour s'assurer par des patrouilles du point où l'ennemi s'arrêterait. Le gros du 2e dragons s'arrêta à une demi-lieue au sud de Riedseltz à 11 h. 20 m. (Planche 4, croquis n° 3.)

Le général de division avait, sur ces entrefaites, traversé Riedseltz et s'était porté sur la hauteur en avant, d'où il put observer encore pendant un certain temps la retraite des chasseurs. De là, on voyait en même temps la série des contre-forts qui descendaient parallèlement de la montagne pour finir dans la plaine. La route de Riedseltz qui, jusque là, en avait suivi le pied, en traversait maintenant successivement les crêtes. Plus à gauche, se trouvait la vallée profondément encaissée de la Seltz, qui descendait perpendiculairement vers le sud et était longée par le chemin de fer.

Les pentes de la rive gauche de la Seltz étaient boisées et paraissaient assez escarpées; au delà, le terrain formait un plateau légèrement arrondi et s'élevait ensuite insensiblement vers le Sud. Sur ce plateau, on pouvait distinguer clairement

9

à une lieue environ, vers le Sud-Est, le village allongé d'Ober-Seebach.

A l'ouest du point d'observation du général, les divers contreforts étaient généralement boisés et allaient en s'élevant peu à peu se rattacher à la grande muraille des Vosges, qui se dirigeait du Nord au Sud.

Il n'y avait rien de sérieux à redouter de ce côté et il suffisait de l'observer avec peu de monde. En avant de soi, on avait la vallée d'Ingolsheim qui formait une ligne de défense toute naturelle; il suffisait de la garder avec soin ainsi que le pont d'Ingolsheim. Il faudrait un peu plus de précautions, du côté du village d'Ober-Seebach, le long duquel passait la route déjà visible à l'œil de Nieder-Roderen à Wissembourg (route de Fort-Louis). Il était donc nécessaire en toutes circonstances d'observer cette route. (11 h. 35 m.)

En conséquence, *le général de division* dit au général commandant la brigade de dragons, qui se trouvait près de lui : « Je n'irai pas plus loin aujourd'hui. Vous resterez en avant-garde avec votre brigade et vous établirez vos avant-postes le long du ravin d'Ingolsheim. La gauche gardera le pont du chemin de fer et avec la droite vous vous couvrirez du côté de la montagne. La brigade de grosse cavalerie sera chargée d'observer le terrain à l'est de la Seltz. Son gros bivouaquera à Riedseltz-Oberdorf. Vous pourrez porter le gros de votre brigade en arrière jusqu'à Riedseltz. Je m'établirai de ma personne à Oberdorf. Rappelez les détachements que vous pouvez avoir. Gardez constamment le contact avec l'ennemi, quoi qu'il arrive. »

Le général envoya ensuite son aide de camp porter l'ordre suivant au général commandant la brigade de grosse cavalerie : « La brigade de grosse cavalerie bivouaquera au nord de Riedseltz-Oberdorf; elle pourra s'installer dans le village, mais en laissant la place nécessaire pour le quartier-général de la division. Elle couvrira le flanc gauche avec deux escadrons qui établiront leurs avant-postes entre la Seltz et la route de Fort-Louis, en cherchant à les relier avec ceux de la brigade de hussards. Ils observeront le chemin de Nieder-Seebach et le village d'Ober-Seebach, mais principalement la route de Fort-Louis. On fera rentrer les troupes détachées. »

La position à prendre fut indiquée sur la carte à l'aide de camp.

Le convoi fut prévenu qu'il devait se porter de Bergzabern à Altenstatt, et s'arrêter au nord de ce village; on laissa aux brigades le soin de faire venir les voitures nécessaires dans la journée, mais en leur recommandant de les renvoyer en arrière le lendemain, à 5 h. du matin. On prescrivit au détachement sanitaire de rester à Gutleihof.

Le commandant de l'artillerie ayant demandé des ordres à son tour, le général lui dit de faire bivouaquer la batterie à cheval à côté de la brigade de grosse cavalerie, au nord de Riedseltz-Oberdorf, et de renvoyer la batterie légère rejoindre son détachement à Wissembourg, en la remerciant de son concours. (Midi.)

Après avoir pris ainsi toutes les dispositions nécessaires, le général A. se rendit au 2ᵉ escadron du 2ᵉ dragons, afin de lui adresser quelques mots d'éloges pour sa conduite dans la journée. Là, il apprit que l'escadron avait eu deux hommes tués, deux officiers et neuf hommes blessés, plus deux disparus, qui avaient probablement été pris, en poursuivant l'ennemi au delà du pont. L'adversaire avait laissé un officier et cinq hommes tués sur le carreau; un officier et treize hommes, presque tous blessés, se trouvaient entre nos mains; on avait ramené, en outre, plusieurs chevaux de prise.

Le général C. fit part au général de division de son intention d'occuper Ingolsheim, pour être maître du pont; le général de division l'approuva et se rendit ensuite à son quartier-général. En chemin, il passa à côté des divers régiments; la surexcitation était très grande parmi les hommes : on se trouvait en pays ennemi, on avait déjà vu l'adversaire céder devant soi, vu emmener des prisonniers; partout on brûlait du désir d'en venir aux mains.

Il était un peu plus de midi quand le général arriva à Riedseltz-Oberdorf. Là, il reçut une dépêche du général B., le prévenant que l'état-major de la brigade de grosse cavalerie était installé dans le village avec les deux premiers escadrons de uhlans; les deux autres étaient déjà partis pour établir les avant-postes dans la direction d'Ober-Seebach.

Dans le courant de l'heure suivante, il reçut successivement les rapports suivants :

3ᵉ brigade de cavalerie.   Schleithal, le 31 juillet,
N° .   11 1/4 du matin.

La brigade est arrivée ici à 10 h. 45 m. sans avoir rien aperçu. Elle se relie avec l'avant-garde du 11ᵉ corps, qui a déjà occupé Scheibenhard. Cette avant-garde a rencontré un escadron de chasseurs qui s'est replié sur Wintzenbach. Les avant-postes sont à Salmbach, ainsi que du côté de Siegen et d'Ober-Seebach.

Le général de brigade, D.

L'officier qui avait apporté cette dépêche ajouta que la brigade avait eu d'abord l'intention de se porter dans la direction d'Ober-Seebach, lorsqu'elle avait entendu le canon, mais que ce bruit ayant cessé bientôt, elle y avait renoncé.

Interrogé de nouveau, il dit que la brigade était arrivée un peu tard à Schleithal, parce qu'elle avait fait une longue pause avant de passer la Lauter et qu'elle en avait profité pour fouiller à fond la forêt qui se trouve sur la rive droite. Le gros bivouaque à l'extrémité Est de Schleithal, à environ deux lieues de Riedseltz-Oberdorf ; l'avant-garde, composée de deux escadrons, s'est portée à une lieue en avant, près de Siegen.

Cet officier fut invité à rester jusqu'à nouvel ordre au quartier-général de la division. L'aide de camp rédigea alors une petite instruction pour le commandant de la 3ᵉ brigade, en indiquant la position des avant-postes de la colonne de droite et en lui recommandant de se relier avec ces avant-postes et d'observer de son côté avec soin la route de Fort-Louis.

Le général de division ajouta de sa main sur cette note :

« La brigade enverra des rapports plus fréquents, à l'avenir. Dans la journée d'aujourd'hui, elle aurait dû informer immédiatement de son arrivée sur la Lauter ; elle aurait dû aussi envoyer des patrouilles pour savoir ce qui se passait ici, aussitôt qu'elle avait entendu le canon, même après qu'il avait cessé de se faire entendre. »

La dépêche fut ensuite remise à un sous-officier pour la porter, accompagné de deux ordonnances, à Schleithal. Avant son départ, un aide de camp lui remit un petit croquis fait à la hâte, afin qu'il ne se trompât pas de chemin.

1 heure. Aussitôt après, arriva le chef d'état-major, le commandant V., qui avait accompagné le 4ᵉ escadron du 2ᵉ dragons, envoyé en avant pour observer l'adversaire. « L'ennemi, dit-il, s'est retiré sur Soultz et a établi ses avant-postes des deux côtés de Schönenbourg ; une grande forêt située à l'ouest du village ne m'a pas permis de reconnaître jusqu'où ils s'étendaient de ce côté ; à l'Est, leur extrême gauche se trouvait à environ

1,200 pas du village sur un plateau dont la pente est assez escarpée de notre côté. On n'a rien vu qui puisse faire supposer que l'ennemi ait reçu des renforts. L'escadron est ensuite retourné à Ingolsheim et a laissé des patrouilles en observation. Ingolsheim est occupé par la brigade de dragons; en traversant le village, j'ai appris par un officier de dragons qu'un des escadrons ennemis y a cantonné le 27. J'ai en conséquence invité le commandant de l'escadron à s'informer exactement près des habitants de ce qu'ils savaient des mouvements de l'adversaire. »

Sur ces entrefaites, on avait reçu un nouveau rapport du colonel K., daté de Wissembourg. Le général de division le parcourut rapidement, mais avant de l'examiner en détail, il pria un officier d'ordonnance d'aller trouver les deux escadrons détachés vers Ober-Seebach pour les informer que la brigade de hussards était à Siegen, en leur prescrivant de se relier avec eux et de se communiquer immédiatement tout ce qui pouvait les intéresser.

Le rapport de Wissembourg était ainsi conçu :

La ville est régulièrement occupée. La remise des armes se fait. L'intendance fait ses réquisitions et a pris possession des boulangeries. Un détachement du service télégraphique est arrivé et fonctionnera aujourd'hui même.

D'après le dire des habitants, il y avait environ 50 douaniers dans la ville depuis environ trois semaines; ils sont partis ce matin sur des voitures préparées à l'avance; on prétend qu'ils ont pris la route de Bitche. Les deux pelotons de dragons qui se sont portés sur cette route ont rencontré, à une lieue d'ici environ, dans la montagne, un poste d'infanterie ennemie; il est probable que ce sont ces douaniers. Les uhlans envoyés sur la route de Wörth n'ont rien aperçu.

Je porte un bataillon en avant à Rott, près de l'embranchement des routes de Bitche et de Wörth; il occupera les débouchés de la montagne qui se trouvent aux environs. Je prie le général de me laisser jusqu'à nouvel ordre les deux pelotons du 1er régiment de dragons.

On parle de l'arrivée prochaine de grandes forces à Wissembourg. »

Le colonel, K.

Dans la réponse que l'on remit au sous-officier qui avait apporté la dépêche, on donnait connaissance au colonel des événements survenus à la division et de la position qu'elle occupait actuellement. On l'invitait ensuite à faire occuper le pont d'Altenstatt et celui du chemin de fer au sud du premier. Mais on ne l'autorisait pas à conserver les dragons, qui devaient, au contraire, rejoindre leur corps immédiatement. Enfin, le général l'informait qu'il avait l'intention de se

porter, le lendemain, sur Soultz et Nieder-Roderen et que Lauterbourg et Scheibenhard étaient
occupés depuis midi par l'avant-garde du 11° corps.

On le priait en même temps de transmettre le
télégramme suivant au grand quartier-général
de la 3ᵉ armée :

Au grand quartier-général de la 3ᵉ armée.

Riedseltz, le 31 juillet, 1 h. 1/2 du soir.

Division bivouaque aujourd'hui à Riedseltz et à Schleithal. Avant-garde à Ingolsheim, Ober-Seebach, Siegen. Trois
escadrons de chasseurs à cheval étaient à
Riedseltz. Attaque réussie du 2ᵉ escadron
du 2ᵉ dragons. Ennemi en retraite sur
Soultz, ses avant-postes à Schönenbourg.
Pertes : deux officiers, treize hommes ;
l'ennemi a laissé dans nos mains deux officiers et dix-huit hommes.

Wissembourg occupé par détachement
du 5ᵉ corps. Route de Bitche barrée à une
lieue de la ville par de l'infanterie ennemie, probablement les douaniers qui se
sont retirés de Wissembourg.

Demain, la division se portera sur Soultz
et Nieder-Roderen.

1ʳᵉ division de cavalerie.

On désirait y ajouter des renseignements pré-
cisant à quel régiment on avait eu affaire, mais
il aurait fallu pour cela interroger les prisonniers.

Comme ils n'étaient pas dans le village, on y renonça, afin de ne pas retarder le départ de la dépêche à envoyer au grand quartier-général.

2 h. du soir. On eut bientôt les renseignements nécessaires à ce sujet par le général C. qui vint lui-même les apporter et rendre compte de la position de ses avant-postes.

« Le 2ᵉ dragons était chargé du service d'avant-postes. Le 4ᵉ escadron avait occupé Ingolsheim et travaillait à renforcer sa position par quelques travaux de fortification ; il avait établi une grand'garde sur la route au sommet de la hauteur située en avant. Le 3ᵉ escadron se trouvait au pont du chemin de fer sur la Seltz, un peloton occupait le pont et avait ses vedettes vers Hunspach.

Les 1ᵉʳ et 2ᵉ escadrons bivouaquaient à l'est et sur le bord de la route, à moitié-chemin d'Ingolsheim et de Riedseltz, couverts par les hauteurs. Un demi-peloton du 2ᵉ était en grand'garde sur la hauteur près de la ferme de Diefenbach ; un autre couvrait le flanc droit sur la crête au sud de Steinseltz.

« Des patrouilles observaient l'ennemi sans interruption ; leurs rapports confirmaient celui du chef d'état-major. Le 3ᵉ escadron se reliait avec une grand'garde du 1ᵉʳ uhlans, qui se trouvait un peu à gauche sur la rive gauche de la Seltz.

« Le 1ᵉʳ dragons était à Riedseltz et aux environs. »

Quant aux deux escadrons de uhlans qui étaient aussi aux avant-postes, on connut bientôt leur position par le rapport qu'ils envoyèrent; leur gros bivouaquait à l'embranchement de deux chemins en arrière d'Ober-Seebach; ils avaient une grand'garde sur le chemin d'Aschbach à ce village, et une deuxième à la lisière sud d'Ober-Seebach; les patrouilles de ces grand'gardes battaient l'estrade vers Tombach, Nieder-Seebach et dans la vallée de la Seltz; mais elles n'avaient encore rien découvert jusqu'à présent. Elles se reliaient avec les avant-postes des hussards qui avaient leur grand'garde de gauche sur une hauteur au nord de Keidenbourg.

Les notices contenant le résultat de l'examen des prisonniers et qui avaient été apportées par le général C., donnèrent les renseignements suivants:

« Le détachement ennemi, avec lequel la division s'est trouvée en contact, se composait de trois escadrons du 7e chasseurs à cheval, commandé par le colonel N. et appartient à la 2e brigade de la 1re division de cavalerie légère. On ne connaît pas les noms des généraux de la division.

Le régiment avait quatre escadrons; il est parti de sa garnison le 20 et le 21 et est venu à Strasbourg, où il a campé plusieurs jours sous la tente-abri sur les glacis. Il y avait là de grandes masses de troupes, qui se renforçaient chaque jour. En fait de cavalerie, un seul régiment se trouvait prêt, les uns disent le 8e, les autres le 9ᵉ, ainsi qu'un régiment de cuirassiers.

Le 25, le régiment s'est porté sur Haguenau, où se trouvait également une grande masse d'infanterie et d'artillerie campée sous des baraques. Ces troupes avaient été passées en revue par plusieurs généraux, dont un leur avait adressé une petite allocution.

Le lendemain, un escadron a été détaché ; les trois autres avaient marché sur Soultz et l'un d'eux avait poussé plus loin. D'après les renseignements fournis par les habitants, le 1ᵉʳ escadron avait cantonné à Ingolsheim. On disait aussi que tous les matins, cet escadron envoyait d'abord un peloton sur la route de Wissembourg, puis, qu'un peu plus tard, le reste de l'escadron suivait.

Les prisonniers appartenaient au 2ᵉ escadron, qui comptait environ 120 chevaux. Cet escadron, ainsi que le 3ᵉ, avaient été mis en alerte à Soultz, vers 10 heures du matin ; ils s'étaient dirigés par la grande route sur Ingolsheim, où ils retrouvèrent le 1ᵉʳ escadron et où ils ne tardèrent pas à en venir aux mains. »

Un officier d'ordonnance avait parlé lui-même aux blessés trouvés à Altenstatt et avait constaté qu'ils appartenaient bien au 1ᵉʳ escadron du 7ᵉ régiment.

On compara ces renseignements avec les notices que l'on avait reçues du grand quartier-général sur la composition de l'armée ennemie. Mais ces notices ne donnaient que des indications géné-

rales sur la cavalerie. Tout ce qu'on savait à cet
égard, c'est que le 1ᵉʳ corps avait une division
de cavalerie qu'on croyait être de trois brigades
et que les 7ᵉ chasseurs et 8ᵉ hussards en faisaient
partie, ainsi que les 3ᵉ et 4ᵉ lanciers et les 8ᵉ et
9ᵉ cuirassiers. On ne connaissait pas la répartition des régiments dans les brigades; on ne connaissait pas davantage la composition de la division de cavalerie de réserve; on supposait qu'elle
se composait de quatre régiments de cuirassiers.

On ne pouvait que simplement constater pour
le moment, que le 7ᵉ chasseurs appartenait réellement à la division de cavalerie du 1ᵉʳ corps.

Le général prescrivit de faire avec ces notices
un rapport supplémentaire pour le grand quartier-
général. Mais auparavant, on avait à préparer
l'ordre pour le lendemain.

A peine s'était-on mis au travail, qu'il arriva
une ordonnance du 2ᵉ dragons apportant la nouvelle suivante : « La cavalerie revient en avant à
l'ouest de la chaussée et marche contre la droite
de nos avant-postes. »

Le général C. monta immédiatement à cheval
et courut aux avant-postes. Le général de division se fit amener aussi son cheval pour se rendre
à Ingolsheim.

Le bivouac des cuirassiers était déjà tout en
émoi et on se préparait à partir. Le général les
engagea à ne pas se troubler et leur recommanda
de ne pas négliger par trop de précipitation la
soupe et les soins à donner aux chevaux. « Si

vous devez marcher, ajouta-t-il, vous en recevrez l'ordre à temps. » Il traversa ensuite Riedseltz au galop, vit les premiers dragons qui se formaient déjà et gravit la hauteur à l'ouest du village. De là il aperçut une petite masse de cavalerie à droite sur la crête du côté de la ferme de Diefenbach. Un escadron de dragons était à cheval au pied de la hauteur sur le bord de la route près du bivouac du gros du 2º régiment. Il en fit appeler le capitaine. Celui-ci l'informa que la cavalerie qu'il apercevait en avant était le 2º escadron du régiment, qui s'était avancé sur l'ordre du commandant du régiment. Ce dernier, ainsi que le général C. se trouvaient avec l'escadron. Il ajouta qu'on avait porté cet escadron en avant, parce que les patrouilles de la grand'garde de droite avaient été repoussées par de la cavalerie ennemie et que, selon toute apparence, l'adversaire arrivait en arrière avec de nouvelles forces.

Le général C. fit savoir bientôt après qu'il avait jugé à propos de faire simplement une forte reconnaissance et que les cavaliers qu'il avait envoyés à cet effet étaient déjà rentrés, en longeant la lisière du bois de Schönenbourg. L'officier qui apportait cet avis était en même temps chargé de faire rentrer dans leurs bivouacs et cantonnements respectifs les troupes de la brigade de dragons, qui étaient déjà en marche.

Le général A. s'en alla de sa personne, après avoir prescrit à l'escadron avancé de rester sur la pente de la hauteur de la ferme de Diefenbach, jusqu'à ce que les patrouilles eussent constaté la disparition de l'ennemi en arrière de ses avant-postes. Le général de division lui recommanda de ne plus mettre ses troupes sur pied à la moindre alerte : « Il arrivera plus d'une fois, ajouta-t-il, que des patrouilles ennemies repousseront les nôtres et harcèleront nos avant-postes; on ne peut cependant déranger pour cela toute la division. En pareil cas, on peut d'abord disposer du soutien des avant-postes. » Il retourna ensuite à Riedseltz-Oberdorf, où il arriva vers 3 h. 1/4.

On se restaura un peu, puis on prépara l'ordre du lendemain pour la 3e brigade. Cet ordre était ainsi conçu :

1re div. de cavalerie.	Quart.-gén. de Riedseltz-Oberdorf,
Sect. 1. No .	Le 31 juillet 1870, 4 h. du soir.

Le gros de la colonne de droite est arrivé aujourd'hui à Riedseltz et Oberdorf; les avant-postes occupent le ravin d'Ingolsheim et s'étendent par Ober-Seebach sur la rive gauche de la Seltz jusqu'à la route de Fort-Louis.

L'ennemi a essayé d'arrêter notre marche avec 3 escadrons du 7e chasseurs, mais il a été rejeté sur Soultz après un léger combat. Ses avant-postes sont à Schönenbourg. D'après le dire des prisonniers, il y a depuis le 25 beaucoup d'infanterie et d'artillerie à Haguenau et de grands rassemblements se font à Strasbourg.

La colonne de droite se portera le 1er août sur Soultz, pour constater la valeur de ces renseignements; le gros s'arrêtera toutefois au nord de la forêt de Haguenau, qu'il fera reconnaître auparavant.

La brigade de hussards partira dans le même but demain 1er août, à 5 h. 1/2 du matin, et se portera par Tombach jusqu'à Nieder-Roderen, tout en observant la route de Lauterbourg à Seltz. A Nieder-Roderen, elle attendra de nouveaux ordres et profitera de ce répit pour éclairer la partie de la forêt de Haguenau située en avant d'elle (Ober-Wald).

Si devant des forces supérieures la brigade était obligée de se retirer, elle opérera sa retraite par la route de Wissembourg en passant par Tombach.

Elle se tiendra en toutes circonstances en communication avec la colonne de droite.

L'avant-garde du 11e corps sera invitée à lancer sa cavalerie le long de la route de Lauterbourg à Seltz, pour protéger le mouvement.

Le général de division, A.

4 h. 3/4. Cet ordre fut porté à la 3e brigade par l'officier d'ordonnance qui avait été retenu précédemment au quartier-général.

Le chef d'état-major s'occupa ensuite du rapport à envoyer au grand quartier-général sur les événements de la journée. Pendant ce temps, le général de division se rendit avec le général commandant la brigade de grosse cavalerie et le commandant de l'artillerie à Riedseltz, qui n'est qu'à quelques pas de là, pour y chercher le général commandant les dragons et exposer à ces trois officiers ses projets pour le lendemain.

Il le fit de la manière suivante :

« Nous repousserons demain l'ennemi qui est devant nous et nous chercherons d'abord à atteindre la forêt de Haguenau. J'ai prescrit à la 3e brigade de se porter par Tombach sur Nieder-Roderen.

« La brigade de dragons fera encore demain le service d'avant-garde ; le gros suivra la grande route et se dirigera sur Soultz, l'escadron de dragons, qui occupe aujourd'hui le pont du chemin de fer sur la Seltz, marchera par Hunspach et couvrira le flanc gauche de la brigade. La brigade de grosse cavalerie la suivra par la grande route. Un des deux escadrons de uhlans détachés vers Ober-Seebach pourra rentrer à son corps, l'autre s'avancera dans la direction de Rittershofen, d'où il se reliera avec la brigade de hussards et d'où il pourra observer et couvrir la route de Forstfeld à Soultz.

« La batterie à cheval marchera avec la brigade de dragons. La division partira à 6 h. du matin.

10

« Les équipages viendront jusqu'à Riedseltz, où ils resteront provisoirement. »

Ces dispositions étaient certainement très simples ; néanmoins, le général jugea utile, pour éviter toute erreur, de les dicter aux aides de camp.

Il ajouta encore que si l'on atteignait la forêt de Haguenau, la probabilité de la présence de grandes masses ennemies de l'autre côté ne permettrait pas de s'y engager avec le gros de la division. Quant à la tourner par l'ouest avec une partie des forces, cela dépendrait uniquement du résultat de la reconnaissance qui serait faite.

Le général alla visiter ensuite deux hommes grièvement blessés qui se trouvaient à Riedseltz, puis il regagna son quartier-général, où il trouva l'intendant et le médecin en chef de la division.

L'intendant l'informa « qu'il avait organisé un convoi avec les voitures requises à Wissembourg et dans les villages voisins et qu'il allait les faire charger.

« Les troupes se suffiront probablement pour la journée avec les réquisitions qu'elles feront dans les villages voisins. Dans le cas contraire, elles recourront à leurs rations de réserve. On rendra compte, à la fin de la journée, de ce qui aura été consommé et on le remplacera aussitôt au moyen des convois de vivres et de fourrages qui se rendront à cet effet dans les bivouacs.

« Un employé de l'intendance du 5ᵉ corps est arrivé à Wissembourg et s'occupe de former un magasin. Il a été de plus convenu avec le colonel K.

et le médecin-major qu'il serait établi pour le moment une ambulance de cent lits par les soins du médecin-major, qui en prendrait en même temps la direction.

« Les vivres étant provisoirement assurés pour trois jours, on peut maintenant renvoyer les convoyeurs de la Bavière rhénane. » L'intendant fut invité à les congédier. Quant au service des vivres de la 3ᵉ brigade, on n'avait reçu encore aucun rapport à ce sujet.

Le médecin en chef de la division avait pendant ce temps recueilli des renseignements de tous les médecins des corps. Les pertes se montaient ainsi :

1ᵉʳ Dragons :

2ᵉ escadron : 2 hommes blessés, dans la marche sur la route de Bitche à l'ouest de Wissembourg;

4ᵉ escadron : 1 homme (tombé de cheval).

2ᵉ Dragons :

2ᵉ escadron : 2 hommes tués, 1 officier et 9 hommes blessés (au combat de Riedseltz),

4ᵉ escadron : 3 hommes blessés (au combat d'Altenstatt);

Total : { 2 hommes tués, 1 officier et 15 hommes blessés.

Le deuxième officier blessé, ainsi qu'un dragon légèrement touché, avaient pu rester à leur escadron.

Tous les blessés avaient été évacués sur Wis-sembourg, à l'exception de deux hommes dont les blessures ne permettaient pas le transport et qu'on dut laisser à Riedseltz.

Le médecin en chef de la division avait désigné un infirmier pour soigner ces deux hommes, lorsqu'on se reporterait en avant.

Le général de division les recommanda de plus aux soins de l'officier chargé des postes de correspondance que la brigade de grosse cavalerie était chargée d'établir.

Le chef d'état-major avait, pendant ce temps, rédigé son rapport pour le grand quartier-général :

1ʳᵉ div. de cavalerie.   Quart.-gén. de Riedseltz-Oberdoet.
Sect. I. Nᵒ .   Le 31 juillet, 6 h. du soir.

La division complète, ainsi qu'il suit, le télégramme qu'elle a adressé ce matin au grand quartier-général :

L'ennemi voulut nous empêcher de déboucher au sud d'Altenstatt, en faisant mettre pied à terre à un certain nombre de cavaliers, mais se voyant bientôt pris en flanc par un escadron détaché comme flanqueurs, il se retira par la grande route.

A Riedseltz, l'adversaire, qui s'était renforcé de 2 escadrons, voulut encore nous empêcher de déboucher au delà de la Seltz, mais il ne put tenir contre le feu de la

batterie à cheval qui s'était portée en avant
et d'une batterie légère du 5ᵉ corps et il
fut obligé de se retirer. Son dernier escadron fut atteint par le 2ᵉ escadron du
2ᵉ dragons (capitaine Y.) et repoussé avec
perte.

L'adversaire laissa sur le carreau 1 officier et 5 hommes tués; 1 officier et 13 hommes restèrent, en outre, dans nos mains. Il
se retira sur Soultz, en laissant ses avant-
postes à Schönenbourg.

La division bivouaquera avec les 1ʳᵉ et
2ᵉ brigades à Riedseltz, ayant ses avant-
postes à Ingolsheim et vers Ober-Seebach.

La 3ᵉ brigade est arrivée à Schleithal,
le gros de ses avant-postes est à Siegen.
Elle n'a rien aperçu de l'ennemi. D'un
autre côté, un escadron s'est montré en
avant de l'avant-garde du 11ᵉ corps qui
occupait Lauterbourg; cet escadron s'est
retiré sur Wintzenbach.

Wissembourg a été occupé par un détachement du 5ᵉ corps; ce détachement observe les routes de Bitche et de Wörth.

Les forces que l'ennemi avait à Altenstatt et à Riedseltz se composaient de
3 escadrons du 7ᵉ chasseurs à cheval.

Les pertes de la division se montent à
2 hommes tués, 1 officier (lieutenant X.)
et 15 hommes blessés, plus deux disparus,
appartenant tous à la brigade de dragons.

La division continuera demain sa marche sur Soultz et sur Nieder-Roderen.

Ci-joint le résultat de l'interrogatoire des prisonniers.

Le général de division, A.

Ce rapport fut copié et expédié au 11ᵉ corps, qui devait le remettre au télégraphe.

On reçut encore les rapports suivants, dans le courant de la soirée;

1° *De la 1ʳᵉ brigade.*

« Aucun changement ne s'est produit dans la position des avant-postes ennemis à Schönenbourg. Quelques petites patrouilles se montrent de temps à autre dans le terrain en avant. »

2° *De la 3ᵉ brigade.*

« Les patrouilles envoyées par Tombach et sur Wintzenbach n'ont rien rencontré. Environ 100 chasseurs à cheval se sont montrés dans la journée à Wintzenbach, mais ils se sont rapidement retirés sur Seltz. D'après le dire des habitants, Nieder-Roderen et la forêt au nord de Seltz sont occupés par l'ennemi. Les avant-postes du 11ᵉ corps sont vers Neuweiler. »

Il était permis de supposer que le détachement qui se trouvait en avant de Seltz était le 4ᵉ escadron du 7ᵉ chasseurs; on pouvait donc conclure que l'adversaire ne disposait pas encore de beaucoup de cavalerie.

Il arriva encore divers rapports :

Les relations des troupes qui avaient été engagées dans la journée.

L'état des munitions consommées. Elles étaient de 8 obus à la batterie à cheval, 135 cartouches au 4ᵉ escadron du 2ᵉ dragons ; dans les autres détachements, on avait à peine tiré, et il n'en était même tenu aucun compte sur l'état.

Enfin, les états des pertes : 7 chevaux avaient été tués, 5 étaient assez légèrement blessés pour valoir la peine d'être soignés.

Le général de division employa une partie de la soirée à visiter le bivouac des cuirassiers. A son retour au quartier-général, il se mit à étudier sur la carte le pays à parcourir le lendemain, et à examiner les mesures à prendre dans les différents cas qui pourraient se présenter.

Le chef d'état-major fit le résumé de la journée sur le journal de marche.

REMARQUES SUR LA JOURNÉE DU 31 JUILLET.

Longueurs de marche. — *Temps employé pour défiler*.

La division se met en marche à 6 h. 1/4 du matin. A 7 h. 1/4, après avoir parcouru une lieue et demie, la tête arrive à l'embranchement du chemin de Billigheim à Klingenmunster, où on fait une halte de 10 minutes.

On fait ensuite deux nouvelles lieues jusqu'au sud de Bergzabern, où la tête de la colonne entre à 8 h. 15 m., puis une deuxième halte qui dure jusqu'à 8 h. 45 m. Vers 9 h. 1/2, la division avait sa brigade déployée devant Wissembourg et sur la Lauter. Elle venait de parcourir encore deux lieues, ce qui faisait, par conséquent, depuis son départ, six lieues et demie en 3 h. 15 m., y compris 40 m. pour les deux pauses.

On se remit en marche entre 9 h. 3/4 et 10 h.; la Lauter fut franchie et l'ennemi rejeté au sud de la rivière. Vers 10 h. 1/2, l'escadron de tête se trouvait à une lieue en avant à Riedseltz. A 11 h., le défilé de Riedseltz était franchi, et 20 m. après, l'escadron de tête atteignait celui d'Ingolsheim, après quoi la marche s'arrêta dans toute la division.

La tête de colonne avait donc parcouru plus de 8 lieues depuis le départ du bivouac, et la brigade de grosse cavalerie 7 lieues et demie jusqu'à Riedseltz-Oberdorf. Les détachements et les nombreuses patrouilles qui furent poussés plus loin avaient fait ainsi de 9 lieues à 9 lieues et demie.

Si l'on songe que c'est le premier jour de route et que la marche s'est faite par une chaude journée de juillet, on doit regarder cette marche comme bien raisonnable, dans les circonstances où l'on se trouvait.

En général, la cavalerie peut faire de plus

fortes marches qu'on ne le pense, mais à la condition qu'elle soit complétement entraînée, qu'une
sage précaution préside à la répartition convenable des haltes et à la combinaison rationnelle
des allures, enfin, qu'elle soit suffisamment
nourrie.

On peut arriver à une moyenne de 12 lieues
par jour, avec des séjours, sans porter préjudice
au fond des chevaux.

Mais au commencement d'une campagne, on
ne doit les habituer que progressivement aux
fatigues. Le changement de nourriture, la charge
du paquetage, la vie permanente des bivouacs et
les fatigues auxquelles on n'est pas encore fait,
jointes à la difficulté de donner aux chevaux tous
les soins nécessaires, auraient bientôt ruiné la
cavalerie. Du reste, on n'a plus la liberté de la
ménager comme on le voudrait, parce qu'on ne
peut prévoir les exigences qu'imposent les opérations et qu'on ne peut plus s'y soustraire quand
elles se présentent.

Aujourd'hui aucune marche de concentration
ne précède, à proprement parler, les opérations ;
et la cavalerie à peine débarquée du chemin de
fer, se met aussitôt en mouvement, sans avoir
été entraînée auparavant. Il devient donc assez
difficile de l'habituer progressivement aux fatigues. Néanmoins, il sera bon de ne pas pousser
les premiers jours au delà de 3 à 6 lieues, si les
circonstances le permettent. Même dans ce cas,
l'avant-garde, les flanqueurs et les patrouilles

auront forcément à parcourir une distance plus grande.

Aussi la division qui fait l'objet de notre étude aurait pu se contenter d'atteindre la Lauter ; il suffisait de faire enlever et occuper les ponts par l'avant-garde. Le gros aurait encore parcouru 6 lieues. Le simple contact avec un seul escadron ennemi fut la cause de la grande marche qui fut exécutée dans cette journée. Il faut ajouter toutefois que si l'on a porté toute la division au delà de la Lauter, c'est parce que la situation dans laquelle on avait rencontré l'adversaire faisait espérer qu'on pourrait lui infliger un échec sérieux.

Mais si, plus tard, on rencontre l'ennemi tous les jours, on se gardera bien de lancer toute la division à la poursuite d'un ou deux escadrons; on songera plutôt à faire reposer son monde et l'on se contentera d'envoyer un ou deux escadrons en avant pour refouler les patrouilles de l'adversaire.

Ainsi qu'on l'a vu, la queue de la colonne de droite ne quitte le bivouac qu'une demi-heure après la tête. La longueur de cette colonne, composée de 2 brigades et d'une batterie à cheval, avec les distances réglementaires, est d'environ 4,500 pas, en prenant pour bases les longueurs indiquées ci-dessous [1].

---

[1] Y compris les chevaux de main et les voitures sanitaires des corps.

	Pas.		Pas.
Un escadron	202.—	Bagages :	28
Un régim. de 4 escadrons	857.—	»	132
Une brigade de 2 régim.	1,774.—	»	278
Une batterie à cheval	506.—	»	14
Trois batteries	1,562.—	»	56
Un état-major de division	96.—	»	62
Un détachement sanitaire	264.—	»	28

Équipages :

Un convoi de vivres   709 pas.
Un convoi de fourrages   1,214 »

Si la 1re division de cavalerie avec ses trois brigades et ses deux batteries à cheval marchait sur une seule route, la longueur de la colonne serait :

Troupes (avec chevaux de main et voitures sanitaires) :

	Pas.	Pas.
État-major de la division	96	
3 brigades de cavalerie	5,322	
2 batteries à cheval avec état-major	1,020	6,870
1/2 détachement sanitaire	132	
Distances	300	

Bagages et équipages :

De l'état-major de la division	62	
De 3 brigades	834	
De l'artillerie à cheval	40	1,659
Du détachement sanitaire	14	
Convoi de vivres	709	

Total : (700 mètres)   8,529

Dans notre étude, la division marche en deux colonnes, dont la longueur est de :

Colonne de droite :

	Pas	Pas.
Troupes	4,500	
Bagages, etc.	1,367	5,867

Colonne de gauche :

Troupes	2,370	
Bagages	292	2,662

En prenant ces chiffres pour base, l'on voit que le temps employé pour se mettre en colonne à partir du bivouac serait, à raison de 130 pas (104 mètres) par minute au pas :

Colonne de droite :

Troupes, environ 35 minutes	
Bagages » 11 »	46 minutes

Colonne de gauche :

Troupes, environ 18 minutes	
Bagages » 2 »	20 minutes

Et pour toute la division partant du même point :

Troupes, environ 53 minutes	
Bagages » 13 »	66 minutes

sans compter le convoi de fourrages.

Il résulte de là que, quand on a à faire mouvoir des masses de cavalerie, il convient que les corps ne prennent leurs dispositions de départ que successivement, sans se réunir à la même heure sur le même point. (Voir les *Études sur l'art de conduire les troupes :* la division d'infanterie, 1ʳᵉ partie.)

Après le départ, il est bon de marcher quelque temps au pas, mais pas plus de 15 à 20 minutes, c'est à dire environ une demi-lieue, et de faire ensuite deux ou trois temps de trot et de pas, en alternant les allures, avant de faire la première halte.

Cette halte est nécessaire pour permettre aux hommes de satisfaire leurs besoins et refaire le paquetage, et aussi pour permettre aux chevaux « de se dégonfler. Il est inutile d'arrêter plus tôt, parce que le déplacement des sangles et de la selle ne s'est pas encore produit.[1] »

Si, après les vingt premières minutes de marche au pas, l'on fait, par exemple, deux temps de trot de cinq minutes, suivis chacun de cinq minutes au pas, on aura marché ainsi jusqu'à la première halte quarante minutes et on aura fait 7,000 pas (5,600 mètres).

Il y aura naturellement des variations tant dans les reprises de trot que dans leur durée. Mais on

---

[1] Voir : *Fond et vitesse d'une troupe de cavalerie en campagne*, par le colonel Bonie. Paris, 1872. Amyot.
Nous nous servons sur quelques points des bases présentées dans cet excellent travail.

peut dire qu'en général il conviendra de faire la première halte après une demi-heure ou trois quarts d'heure de marche, et avant d'avoir fait deux lieues.

Dans le cas qui nous occupe, on a fait la première halte après avoir marché une heure et, pendant ce laps de temps, la tête avait parcouru deux lieues et quart. Cela tient à ce que le général de division, qui voulait voir défiler toutes ses troupes au départ, avait négligé de donner au commandant de la brigade de tête les ordres relatifs à la première halte.

Les considérations que nous avons exposées plus haut sur la longueur des colonnes font voir encore que la première halte ne doit pas se faire simultanément dans tous les éléments d'une division de cavalerie, car il arriverait alors qu'au moment où la tête s'arrêterait après avoir marché trois quarts d'heure, la queue se mettrait à peine en mouvement.

La durée de la première halte n'a pas besoin, du reste, d'être bien longue ; cinq à dix minutes suffisent.

Quant aux allures à prendre pour la suite de la marche, et aux autres pauses à faire, elles varieront en raison de la longueur du trajet, de la nature de la route, de la température et dépendront surtout des exigences des diverses situations dans lesquelles on se trouvera.

En général, on marchera alternativement au pas et au trot; avec des troupes non entraînées, il pourra être bon de marcher dix minutes au pas, après un temps de trot de dix minutes; plus tard, on pourra soutenir le trot plus longtemps. Il est évident, en tout cas, que les montées un peu fortes ne seront franchies qu'au pas, à moins de circonstances exceptionnelles.

Il en résulte que les distances entre les diverses fractions doivent être plus grandes que celles que l'on observe en général dans la marche de grands corps de troupe; les diverses parties de cette colonne peuvent aussi avoir au même moment des allures différentes. Par suite, la longueur d'une division de cavalerie dépassera les chiffres que nous avons donnés plus haut, et s'augmentera encore considérablement, s'il y a une avant-garde spéciale, de sorte qu'il faudra compter souvent environ 1,500 à 2,500 pas en plus.

Devant l'ennemi, comme les mouvements demandent toujours un certain temps, les haltes nécessaires se feront en général tout naturellement. Dans ce cas, on fera toujours mettre pied à terre, dès que la situation le permettra. Dans une marche ne dépassant pas six lieues, il n'est pas nécessaire, en général, de faire une deuxième grande halte. Dans notre exemple, on a fait une vraie halte de trente minutes après un trajet de quatre lieues et demie; mais cette halte avait sa raison d'être dans les circonstances où l'on se trouvait. Elle se fit un peu avant qu'on ne dépassât les avant-postes du 5° corps; c'était là une excellente occasion dont on se hâta de profiter, complétement à l'abri de toute surprise. On ne peut, en effet, prévoir jusqu'où pourra vous entraîner l'adversaire, si l'on vient à le rencontrer, ni si l'on trouvera le temps de procurer quelque repos aux troupes.

Il est encore intéressant de se faire une idée du temps employé par une aussi grande masse de cavalerie pour se déployer.

Si nous supposons une distance de 300 pas d'une ligne à l'autre et que nous prenions pour base la vitesse réglementaire de 300 pas à la minute au trot et de 500 pas au galop, nous aurons :

Colonne de droite (deux brigades et une batterie à cheval). Déploiement sur deux lignes :

Au trot : 14 minutes,
Au galop : 8 minutes et demie ;

Colonne de gauche (une brigade et une batterie à cheval). Déploiement sur deux lignes :

Au trot : 7 minutes,
Au galop : 4 minutes.

Si toute la division marchait en une seule colonne (trois brigades et deux batteries à cheval), son déploiement sur trois lignes se ferait :

Au trot : en 21 minutes,
Au galop : en 12 minutes et demie.

FORMATION DE MARCHE EN GUERRE.

Division de la colonne de marche.

Après avoir dépassé les avant-postes du 5ᵉ corps, la division prend la formation de guerre pour continuer sa marche et met, à cet effet, la brigade de tête à l'avant-garde, ce qui n'a pas lieu dans une division d'infanterie composée de deux brigades. Dans celle-ci, on met ordinairement à l'avant-garde un régiment, avec quelque peu de cavalerie, de l'artillerie et du génie; le reste de la brigade, à laquelle appartient le régiment, passe au gros de la division et marche en tête.

On pourra certainement, dans une division d'infanterie, confier le service de l'avant-garde à la brigade de tête, qui jouira ainsi d'une certaine indépendance. Mais l'utilité s'en fera rarement sentir. Le commandant de la division doit, en effet, embrasser du regard toute sa division et en surveiller la marche dans toutes ses parties; il ne pourra constamment se tenir à l'avant-garde. Mais le commandant de la brigade qui a déjà un de ses régiments à l'avant-garde, avec la liberté de disposer de l'autre régiment, ne manquera pas d'user de cette liberté quand il jugera la chose nécessaire. Il pourra se faire alors que le 2ᵉ régiment soit lancé dans une direction qui réponde aux vues du général de brigade et à la connaissance qu'il a de la situation, mais qui ne se trouve nullement en harmonie avec les intentions du commandant

11

de la division. Ce dernier peut, en effet, voir les choses sous un tout autre aspect. Les renseignements qui lui viennent des flanqueurs, les événements qui surviennent aux colonnes voisines, des ordres qui arrivent du grand quartier-général, donnent au commandant de la division une idée plus complète de la situation que celle que peut se faire le général de brigade, qui ne sait rien de tout cela. Si ce dernier dispose, à l'aventure, du 2ᵉ régiment de sa brigade, ce qui peut très bien arriver, le commandant de la division pourra se trouver exposé à voir la moitié de ses forces lancée dans une direction tout autre que celle qu'il désire.

Si l'on affecte, au contraire, d'une manière constante, le 2ᵉ régiment de la brigade de tête au gros de la colonne pendant la marche et si l'on enlève ainsi au commandant de la brigade la faculté d'en disposer, on assurera singulièrement l'économie nécessaire dans l'emploi des forces et on facilitera à un haut degré le maintien de la plus grande partie de la division dans la main de son chef.

Ajoutez à cela que, dans une division d'infanterie, un combat qui s'engage ne se déroule pas si rapidement; on se réserve presque toujours un certain temps pour voir, pour prendre ses dispositions et soutenir à temps l'avant-garde. Il ne faut pas oublier non plus que des masses d'infanterie sont relativement lentes à mettre en mouvement; par conséquent, si le commandant de la brigade de tête a porté son 2ᵉ régiment dans quelque fausse direction, il faudra un temps assez long au commandant de la division pour redresser ce mouvement.

Les choses se passent tout autrement dans une division de cavalerie. Si les trois brigades marchent sur une seule route, il semble naturel d'en mettre une à l'avant-garde. Quand les circonstances le permettront, on affectera certainement plus d'une route à une aussi grande masse de cavalerie et alors il ne sera pas toujours possible de couvrir suffisamment la marche avec une des brigades. On pourra cependant encore le faire, quand on suivra des chemins parallèles et peu éloignés l'un de l'autre, ou si l'on marche à travers champs avec des régiments déjà déployés, ou enfin si les circonstances permettent de pousser l'avant-garde à plusieurs lieues en avant. Dans notre exemple, toutefois, la chose n'était pas praticable.

La division de cavalerie qui précède l'armée doit éclairer le terrain à une grande distance et sur un grand front. Les détachements destinés à éclairer en première ligne seront forcés, par suite, de beaucoup s'étendre et de se morceler; la division de cavalerie ne marche pas comme celle d'infanterie qui fait partie d'un corps d'armée et se meut avec d'autres colonnes sur ses flancs; elle est plutôt obligée de s'étendre sur tout le front de l'armée qu'elle doit éclairer. Elle ne pourrait suffisamment remplir cette mission, si elle se contentait d'envoyer simplement des patrouilles, que la moindre patrouille un peu plus forte de l'ennemi forcerait de s'arrêter. Le but, c'est de savoir si de gros détachements ennemis sont aux environs, et pour y parvenir, il faut être assez fort pour repousser les petits détachements de l'adversaire. De là la nécessité de faire appuyer les patrouilles par des soutiens. Mais la force de ces soutiens à envoyer sur les chemins principaux ne doit pas avoir pour résultat de disloquer complétement toute la division ; on ne doit pas y employer des régiments entiers, mais on ne peut s'empêcher d'y consacrer au moins quelques escadrons.

On ne saurait réglementer d'avance le nombre de ces détachements ; il sera déterminé, la plupart du temps, par le nombre des grandes routes ; d'autres motifs toutefois peuvent encore les rendre nécessaires. On ne pourra donc toujours prévoir, au commencement d'une campagne, dans quelles limites le besoin s'en fera sentir, mais presque toujours il sera nécessaire d'y employer plus d'un escadron ; car les situations dans lesquelles se trouve une division de cavalerie isolée ne sont pas tellement simples qu'elles permettent de marcher toujours sur une seule route et de n'avoir à se préoccuper que de cette seule route.

Mais, en tout cas, outre ce réseau d'éclaireurs avancés, la division a encore besoin d'une avant-garde qui la dispense de se déployer tout entière à la moindre occasion. Cette avant-garde doit même avoir une certaine force, car elle doit former le premier réservoir où l'on viendra puiser les renforts qui peuvent être nécessaires en avant.

Dans la plupart des cas, *un régiment ne sera pas suffisant pour faire le service d'avant-garde d'une division de cavalerie et on fera bien d'y employer toujours une brigade entière, quand même la division n'en aurait que deux à sa disposition.*

Si l'on se reporte à la 1re division de cavalerie qui fait l'objet de notre étude, on voit que la colonne de droite s'est bien conformée à ce principe en mettant la brigade légère à l'avant-garde; néanmoins, on n'a pas fait tout ce qu'il fallait pour assurer complétement le service particulier d'exploration.

On a agi comme on le fait généralement dans les grandes manœuvres, où la proximité des deux partis ne laisse à la cavalerie qu'un terrain d'exploration très limité.

Il en est tout autrement en campagne, surtout au début des opérations, et il faut procéder différemment. La grande masse de cavalerie, qui fait le service d'exploration, a besoin de savoir en temps opportun de quel côté se dessine l'ensemble des mouvements de l'ennemi. Ce n'est qu'à cette condition qu'elle pourra donner au gros de ses forces la direction voulue, ce qui exigera souvent qu'elle se jette rapidement sur une autre route que celle qu'elle suivait. Mais, pour être ainsi renseignée, *il lui faut en avant d'elle des coureurs*

lancés au loin qui cherchent à découvrir la piste
de l'adversaire.

Le général A. s'est privé du service de semblables coureurs les 29 et 30 juillet. En admettant qu'on puisse l'excuser pour ces deux premiers jours, on ne saurait être aussi indulgent pour la journée du 31 juillet.

Il fallait, ce jour-là, lancer quelques escadrons de grand matin sur Wissembourg et Saint-Remy ; dès l'instant où la division entrait en opération, elle ne devait plus s'en rapporter aux éclaireurs des avant-postes du 5e corps, qui pouvaient avoir une mission particulière et peut-être même différente ; elle devait s'éclairer pour son propre compte et avec les moyens dont elle disposait.

La brigade de hussards aurait dû également envoyer un escadron dès le matin jusqu'au pont de la Lauter, dans la direction de Schleithal.

Si l'un de ces détachements découvrait l'adversaire en marche de ce côté de la Lauter, ou s'il apercevait l'ennemi en forces de l'autre côté, non seulement la division avait le temps de se porter dans la direction menacée, mais elle pouvait au besoin rassembler ses deux colonnes momentanément séparées et amener toutes ses forces au point décisif. Du côté de Wissembourg, il aurait suffi de laisser en observation sur la grande route l'escadron qui avait déjà été porté dans cette direction.

A ne considérer que ce point de vue, la colonne de droite pouvait consacrer deux escadrons du

1ᵉʳ dragons à ce service et former l'avant-garde de la division avec les deux autres escadrons. Mais l'on ne pouvait savoir d'avance s'il n'allait pas devenir nécessaire, même avant d'arriver à Wissembourg, d'envoyer de nouveaux détachements sur la droite, par exemple, sur un des chemins qui conduisent dans la montagne. Dans tous les cas, en arrivant à Wissembourg, on avait à en envoyer à la fois à l'ouest de la ville et de l'autre côté de la Lauter, et cela, on pouvait déjà le savoir dès le matin. Une fois parvenu à la ville, on devait immédiatement fermer toutes les routes qui y aboutissent, et quand on eut franchi plus tard la Lauter pour marcher vers le sud, il fallait non seulement pousser des reconnaissances sur la route de Haguenau, mais encore sur celles de Bitche, de Wörth et de Fort-Louis, et enfin il fallait encore détacher du monde sur la gauche pour se relier avec la brigade de hussards.

Or, c'est à l'avant-garde à fournir ces détachements; on ne saurait les tirer du gros de la colonne sans s'exposer à les voir arriver trop tard aux points où ils sont nécessaires. Si l'on ne pouvait disposer à cet effet que du 1ᵉʳ régiment de dragons, ce régiment serait entièrement disséminé et il faudrait alors recourir au 2ᵉ régiment de la brigade pour reconstituer un nouveau gros à l'avant-garde.

On peut voir par là combien il est avantageux de former l'avant-garde avec toute la brigade légère, même dans la colonne de droite qui ne compte que deux brigades.

D'après nous, la marche au sud de la Lauter aurait dû se faire de la manière suivante, en supposant qu'on n'eût pas rencontré l'ennemi immédiatement de l'autre côté d'Altenstatt et en admettant que quelques escadrons eussent précédé la division jusqu'à la rivière :

Escadrons d'éclaireurs précédant la colonne.

4e escadron du 1er dragons, sur la route de Wissembourg à Soultz;

1er escadron du même régiment, sur la route d'Altenstatt à Fort-Louis, se reliant par sa gauche avec la brigade de hussards;

4e escadron du 2e dragons, détaché à droite pour observer les routes de Wissembourg à Bitche et à Wörth.

Avant-Garde.

Pointe (Vorhut) :

2e et 3e escadrons du 1er dragons.

Gros :

1er, 2e et 3e escadrons du 2e dragons.

Gros de la division; brigade de grosse cavalerie.

Il en serait de même à la brigade de hussards; un régiment aurait suffi à l'avant-garde et aux détachements d'éclaireurs à pousser en avant; le 2e régiment aurait formé le gros avec la batterie.

Après le passage de la Lauter, nous croyons que la brigade eût été convenablement formée de la manière suivante :

Détachements d'éclaireurs précédant la marche.

4ᵉ escadron du 1ᵉʳ hussards en avant sur la gauche pour observer la route de Lauterbourg à Seltz.

1ᵉʳ escadron du 1ᵉʳ hussards en avant dans la direction de Nieder-Roderen, se reliant par un peloton avec la colonne de droite.

Avant-Garde.

2ᵉ et 3ᵉ escadrons du 1ᵉʳ hussards, avec un peloton en pointe.

Gros de la colonne.

4 escadrons du 2ᵉ régiment et la batterie à cheval.

Il faut poser en principe que les escadrons d'éclaireurs et l'avant-garde doivent autant que possible appartenir au même régiment ou au moins à la même brigade ; cela ne sera pas toujours possible cependant.

Quant à *l'avant-garde* proprement dite, elle doit prendre les dispositions ordinaires et se diviser en gros et pointe d'avant-garde, celle-ci se subdivisant elle-même en gros et en pointe. Ces dispositions pourront varier aussi d'après les forces dont on dispose.

En tête marche un sous-officier avec 2 ou 5 cavaliers, suivant que le terrain est plus ou moins couvert ou la route plus ou moins sinueuse. L'officier du peloton de tête s'y tiendra aussi en général; le peloton suivra à une certaine distance. Il est inutile de mettre un détachement entre la tête et ce peloton. La force de la troupe qui vient après, c'est à dire, *du gros de la pointe* (Vorhut), quand il s'agira de grosses colonnes, se réglera sur la force de l'avant-garde. Si l'on ne dispose que de 2 escadrons pour l'avant-garde, ils suivront le peloton sans se subdiviser; si l'on a 3 ou 4 escadrons, on en mettra un en pointe et on fera suivre les autres à peu de distance.

Des patrouilles de flanqueurs seront fournies suivant les besoins, mais même en terrain découvert, il est nécessaire de faire côtoyer la colonne par quelques flanqueurs qui se tiendront à quelques centaines de pas sur le côté, pour observer constamment l'ennemi. Si l'on néglige cette précaution et que l'attention soit attirée en avant par quelque événement, tout ce qui se passera pendant ce temps sur les flancs échappera la plupart du temps à l'observation.

Ajoutons encore qu'on ne peut s'empêcher de relever l'avant-garde dans le courant des opérations. Elle a, en effet, de plus grandes marches à faire et plus de fatigues à supporter qus le gros de la division. Quelques unes de ses fractions feront même journellement deux ou trois lieues de plus. Il faut donc la relever sans attendre que les hommes et les chevaux aient épuisé toutes leurs forces.

Le gros de la division suit l'avant-garde à grande distance; il fera bien aussi de se faire accompagner sur ses flancs par des patrouilles. L'avant-garde ne peut laisser des cavaliers en observation permanente à tous les embranchements qu'elle rencontre, surtout dans de grandes marches; elle finirait par se disséminer complétement. Il peut très bien arriver qu'après qu'elle aura dépassé un chemin latéral, l'ennemi, débouchant tout à coup sur ses derrières, apparaisse sur ce chemin et produise du désordre dans la colonne de marche du gros. Dans une colonne d'infanterie, l'apparition subite de quelques cavaliers ennemis a moins de portée; elle est en mesure de les mettre promptement à la raison. Mais dans la cavalerie, les flanqueurs jouent un rôle beaucoup plus important, sur lequel nous aurons encore plus d'une occasion de revenir.

Une division de cavalerie n'a pas besoin de *réserve* pendant la marche; elle lui est encore plus inutile qu'à une division d'infanterie [1]; si l'occasion se présente d'en venir aux mains, la première chose à faire c'est de déployer rapidement toute la division. Elle se déploie alors im-

---

[1] Voir : *Études sur l'art de conduire les troupes* : la division d'infanterie, 1re partie.

médiatement sur plusieurs lignes et l'une d'elles forme la réserve ; mais celle-ci ne doit pas être tenue à une grande distance comme dans l'infanterie.

Par contre, une colonne de cavalerie, opérant isolément, a besoin d'une *arrière-garde* constituée. Cette arrière-garde ne doit pas être trop faible, quand il s'agit de grandes masses ; dans certaines circonstances, il faudra même employer un escadron entier, dont le dernier peloton suivra à quelque distance. Sa mission n'est pas simplement une mission de police, son rôle est plutôt de veiller constamment à ce qu'il ne survienne rien à l'improviste sur les derrières ; si cela arrive, elle doit se jeter tête baissée sur l'ennemi sans s'inquiéter de sa supériorité ; l'essentiel est de donner le temps de se former au moins au régiment le plus menacé. Rien de ce qui se passe en arrière ne doit donc échapper à son attention. Quand elle voit à l'horizon des colonnes de poussière se rapprocher. elle doit immédiatement envoyer reconnaître ; en pays ennemi, les différentes localités doivent être surveillées soigneusement, longtemps encore après qu'elles ont été franchies; il faut s'assurer qu'il ne se forme pas d'attroupements suspects, qu'il n'y a pas de signaux échangés sur les tours et clochers, si des moulins à vent, jusque-là au repos ne se mettent pas tout à coup à fonctionner, et si des hommes à cheval ou en voiture ne quittent pas le village par des chemins de traverse.

Il est inutile de prescrire spécialement la formation d'une arrière-garde ; il suffit d'indiquer une fois pour toutes que c'est à la troupe qui marche en queue à la fournir.

Quant à l'*artillerie,* sa place est aussi loin que possible en avant dans la colonne de marche, mais ce n'est pas une raison pour la porter dans la sphère même d'exploration. Nous voyons souvent les 2 ou 3 escadrons qui prennent part aux manœuvres de détachements s'en aller en opérations avec une batterie à cheval; c'est là un système qui, sur le champ de manœuvres, engendre déjà beaucoup d'inconvénients. Ces escadrons, en effet, sont obligés de s'étendre et ne conservent qu'un petit groupe comme noyau ; celui-ci, à son tour, s'empresse aussitôt de quitter la grande route, dès que l'ennemi se présente, et l'artillerie alors de suivre à travers champs, par monts et par vaux; il en résulte que ses chevaux sont déjà en partie épuisés à un moment où elle n'est pas encore en mesure de produire un effet utile. Il lui faut, en effet, un certain temps pour régler son tir, mais les premiers escadrons de l'adversaire ne présentent que des buts restreints et continuellement mobiles qui trouvent facilement à se couvrir par le terrain même et changent rapidement de position, quand un obus vient à éclater à côté d'eux.

Ajoutez à cela qu'une cavalerie relativement aussi faible doit veiller sans cesse à la sûreté de la batterie et qu'elle est, par conséquent, gênée dans ses mouvement. Ce n'est donc qu'exceptionnellement qu'on donnera une batterie à un régiment de cavalerie isolé. La place de la batterie à cheval à la colonne de droite serait certainement à l'avant-garde, et dans l'avant-garde au 2° régiment de dragons seulement ; à la brigade de hussards, elle serait de même au 2° régiment. L'artillerie n'appartient pas, en principe, aux escadrons d'éclaireurs proprement dits, qui s'affaiblissent à chaque instant par des détachements ou prennent des directions latérales. Toutefois, il peut y avoir des exceptions, quand l'ennemi, par exemple, a peu de cavalerie, ou que celle qu'il possède ne se compose que d'éléments sans consistance.

Les distances.

Quant à la distance à laquelle les escadrons d'éclaireurs doivent se trouver de l'avant-garde, on ne saurait rien préciser à cet égard. Ils doivent rechercher le contact avec l'ennemi et le conserver, une fois qu'ils l'ont obtenu. Ils n'ont nullement pour mission de combattre ; ils doivent seulement repousser les patrouilles ennemies sur leurs soutiens ; ils ne sont pas non plus tenus de se retirer par la route qu'ils ont suivie ou sur laquelle marche la division : ils doivent aller tantôt à droite, tantôt à gauche, du côté enfin où ils peuvent le plus facilement *pénétrer* dans les mouvements de l'adversaire ; l'essentiel est qu'ils donnent des renseignements précis et que les renseignements arrivent à temps. Ils doivent chercher à atteindre l'ennemi aussitôt que possible, sans s'occuper de la distance à maintenir avec le gros. Au moment où le gros de la cavalerie arrive sur la Lauter, il ne peut qu'y avoir avantage pour le commandant de la division et pour le grand quartier-général que ces escadrons aient déjà reconnu tout le pays jusqu'à la forêt de Haguenau, si l'ennemi n'y met pas obstacle.

L'étude détaillée des mouvements de l'avant-garde de Katzler est encore à cet égard des plus instructives : lorsqu'elle se fut complétement familiarisée avec les exigences de son service, elle laissait généralement 2 escadrons de hussards en contact avec l'ennemi. Ces escadrons étaient complétement libres dans leurs mouvements, et n'avaient pas besoin de se préoccuper de la masse de cavalerie de l'avant-garde, à la condition d'envoyer des avis à temps et en quantité suffisante.

Il résulte de ces considérations que *la division de cavalerie doit avoir une avant-garde proprement dite et que l'envoi de quelques escadrons au loin ne saurait l'en dispenser.* Non seulement il peut arriver que ces escadrons aient été obligés d'évacuer tout à coup la route de marche, mais l'ennemi peut encore déboucher sur les flancs de la route et paraître tout à coup devant la division.

On ne peut fixer d'une manière absolue les distances à observer entre les diverses fractions de l'avant-garde, pas plus qu'entre l'avant-garde et le gros.

En général, de grosses masses ne suivront pas

de trop près les troupes qui se trouvent en tête.
Car il pourrait arriver, en effet, que, dans un terrain couvert, la tête ayant été brusquement repoussée par une attaque imprévue de l'ennemi,
les troupes qui suivent à petite distance fussent mises en désordre avant de pouvoir se déployer. Il en est de même si la tête est subitement
canonnée par l'artillerie de l'adversaire ; de pareilles situations sont plus dangereuses pour la
cavalerie que pour l'infanterie.

On se tiendra donc dans les limites minima et
maxima de 600 et 1000 pas, de manière à ne
jamais perdre de vue le détachement de tête et à
être en mesure de le soutenir à temps. Dans un
terrain accidenté, il vaut mieux prendre des distances plutôt grandes que petites, afin de donner le
temps à l'avant-garde de le reconnaître suffisamment.

La planche 5 donne une idée de la formation
de la colonne de droite, telle qu'elle serait d'après
les bases que nous avons indiquées, après avoir
dépassé les avant-postes du 5ᵉ corps. Les distances
se rapportent à un terrain ondulé, mais malgré
cela assez découvert.

Pendant la marche, il est nécessaire de fouiller
le terrain, surtout les lieux habités. Il n'est pas
besoin de s'arrêter pour cela, à condition que la
troupe qui marche en tête observe certaines précautions. Si la pointe pénètre à l'aventure dans
un village et que le peloton et l'escadron de tête
la suivent de près, l'ennemi peut surgir tout à

coup, surtout au moment où ils débouchent, et jeter du désordre dans la colonne et même lui infliger un échec. Il convient donc que l'escadron de tête, si l'ennemi se trouve dans le voisinage, contourne toujours le village, après l'avoir fait rapidement fouiller par des patrouilles. Toute reconnaissance de village doit commencer par des patrouilles dirigées vers toutes les issues par où l'ennemi peut déboucher, afin d'observer tout le terrain en avant; cela fait, on fouille le village en détail. La colonne continue tranquillement son chemin sur la route et traverse ainsi les villages, si l'avant-garde la précède à une distance suffisante.

Il est très utile aussi de prendre des renseignements près des habitants. Des officiers doivent, par conséquent, être spécialement chargés de ce soin, pendant que la colonne continue sa marche.

Conduite de la division jusqu'à l'entrée au bivouac.

Après ces considérations générales, nous allons examiner en détail la conduite du commandant de la division et les diverses opérations de ses troupes depuis l'arrivée à Bergzabern, c'est à dire après qu'on eût dépassé les avant-postes du 5ᵉ corps.

Dans la circonstance présente, on ne sauait faire un reproche au général de division d'avoir précédé sa troupe, en allant lui-même à la re-

12

cherche de renseignements jusqu'auprès du commandant des avant-postes et de s'être mis en relation avec le colonel K. Mais, en principe, un général de cavalerie doit éviter de se séparer de ses troupes, même momentanément.

En effet, s'il survient des malentendus pendant son absence, ou qu'il arrive des ordres du grand quartier-général, sa cavalerie sera exposée à rester en place quand il faudrait marcher, ou à prendre de fausses directions, quand il faudrait s'arrêter, et par suite de la rapidité de ses mouvements elle échappera complétement à la main de son chef. Nous pouvons à cette occasion nous rappeler cette division de cavalerie autrichienne qui, à la bataille de Solferino, se reporta si à contre-temps sur le Mincio, pendant que son commandant courait en avant.

Dans le cas auquel nous faisons allusion dans notre étude, il n'y avait pas grand inconvénient à ce que le général de division s'éloignât momentanément de sa division ; il eût été difficile à la division de se tromper de direction, puisqu'elle n'avait qu'à suivre la grande route et l'ennemi était trop éloigné pour qu'elle eût quelque danger à craindre.

Toutefois, les renseignements, nécessaires du reste, à prendre chez le général commandant les avant-postes, pouvaient être pris tout aussi bien par le chef d'état-major de la division, et quant au colonel K., on était certain de le rencontrer à 8 h. à Bergzabern. Le commandant de la division pouvait alors s'entendre avec lui, sans s'éloigner de ses troupes, et comme ils avaient à se concerter sur des mesures importantes, il valait mieux que le général parlât lui-même à cet officier supérieur.

Le général lui exprima, dans cette entrevue, le désir de pouvoir disposer de la batterie légère; ce désir était rationnel. Si, en effet, Wissembourg était occupé, il fallait de l'artillerie pour faire évacuer la place, et l'on ne pouvait espérer quelque résultat qu'en mettant suffisamment de pièces en batterie.

A la suite de la première halte, il s'est produit une interruption dans la colonne ; cette faute fut découverte assez à temps et réparée en faisant prendre le trot à la brigade de grosse cavalerie. Elle provenait de ce qu'on n'était pas encore entraîné à marcher en grandes masses. Il suffira, en général, de quelques jours de marche pour que la transmission des ordres se fasse convenablement et que tout le monde s'entende complétement. Quand on est concentré sur un large espace, il arrivera quelquefois qu'on oubliera quelque détachement au départ. C'est ainsi que lors de la marche de la 2ᵉ division d'infanterie de Schömberg sur Parschnitz, le 27 juin 1866, une partie de la division manqua à l'arrivée à Parschnitz; le commandant de la division se reporta en arrière pour aller lui-même la chercher. Il est inutile de faire remarquer combien son attention fut ainsi détournée de Trautenau.

Nous avons déjà indiqué que tous les détachements doivent être réglés avec la plus grande économie, mais nous avons fait observer en même temps que, pour couvrir la division, il fallait en général des escadrons entiers, abstraction faite des circonstances où quelques patrouilles peuvent suffire. La question est assez importante pour que nous consacrions quelques instants à l'étude des différents détachements.

Les premiers détachements ont eu lieu au départ de Bergzabern, après que la division avait pris sa formation de guerre pour se porter en avant. Le 1ᵉʳ escadron du 1ᵉʳ régiment est envoyé en avant-garde et le 4ᵉ détaché comme flanqueurs. Était-il nécessaire d'avoir tout un escadron en flanqueurs, ou pouvait-on se contenter d'un détachement moins fort?

Le 4ᵉ escadron avait pour mission de relier la division avec la brigade de hussards, de s'emparer du pont de Saint-Remy et de s'avancer ensuite jusqu'à l'entrée de la route de Wissembourg dans le Niederwald.

Or, la distance entre la route de Landau à Wissembourg et le chemin suivi par la brigade de hussards est en ligne droite de plus de deux lieues ; de Wissembourg à Saint-Remy, il y a près d'une lieue. Quand même la brigade de hussards détacherait quelques uns de ses éléments pour se relier avec la colonne de droite, il n'en faudrait pas moins plusieurs patrouilles pour pouvoir observer complétement ce terrain qui est assez

accidenté, couvert de villages et d'habitations ; il
importe, en effet, que la marche de l'ennemi, s'il
se présente avec de grandes forces, soit découverte assez à temps pour qu'on puisse prendre les
dispositions nécessaires.

Plus il faut s'éclairer sur une grande étendue,
plus il faut y employer d'éclaireurs. Mais pour
ne pas les exposer à aller çà et là sans direction, il faut qu'ils aient un lien commun ; ils ont
besoin d'un soutien qui les suive et permette en
même temps d'augmenter le nombre des patrouilles, quand la nature du terrain les rend nécessaires, car dans un trajet de 6 à 8 lieues, le terrain peut se présenter sous des aspects bien
différents.

Ces patrouilles ne doivent pas non plus s'arrêter
devant celles de l'ennemi, qui seraient un peu
plus fortes. Il y a une différence essentielle entre
la conduite à tenir par les patrouilles de cavalerie
qui partent de troupes en position, des avant-
postes, par exemple, pour aller reconnaître les
dispositions prises par l'ennemi et par les patrouilles qui ont à côtoyer la marche d'une division de
cavalerie à de grandes distances. Les premières
peuvent circuler en tous sens pendant des heures
entières, elles peuvent même changer de direction
au besoin ; si dans l'intervalle, l'ennemi s'avançait
en masse, il serait toujours découvert à temps
par les avant-postes et celles de leurs patrouilles
qui ne sont pas portées aussi loin ; il n'y a pas de
danger à redouter pour les troupes.

Il en est tout autrement quand on se porte en avant. Le temps est ici d'un grand prix. Il faut, en effet, un certain temps pour reconnaître l'ennemi qu'on a devant soi, pour porter l'avis de son approche et trouver le commandant de la division qui se trouve en quelque point de la longue colonne de marche. En attendant, la division continue de s'avancer sur la grande route, fait une lieue au trot, peut-être même davantage ; mais pendant ce temps, l'ennemi peut s'être porté sur son flanc, et un danger réel menace la colonne. On doit donc non seulement faire éclairer le terrain par des patrouilles suffisantes, mais encore donner à celles-ci un soutien assez fort, pour que la moindre patrouille un peu plus forte de l'ennemi ne les empêche pas de remplir leur mission. L'exploration sur les flancs doit s'étendre au moins jusqu'à la hauteur de la zone explorée par l'avant-garde.

Les flanqueurs de grandes masses de cavalerie ne doivent pas se borner simplement à voir ; ils doivent encore être en mesure de se maintenir dans leur rôle par le combat, s'il le faut. Il n'est pas besoin pour cela de toujours attaquer ; la présence d'un seul escadron, qu'on ne peut voir complétement du premier coup, suffira dès le début pour arrêter l'adversaire qui marcherait même avec de grandes forces et donnera à cet escadron le temps nécessaire pour remplir sa mission.

Si la cavalerie ennemie ne trouve devant elle qu'une ou deux patrouilles, elle s'avancera sans en tenir aucun compte, mais il n'en sera plus de même si en divers points elle aperçoit des éclaireurs avec des soutiens pour les appuyer, n'y eût-il même qu'un peloton çà et là. Car aucune cavalerie, sans une nécessité pressante, ne se laisse entraîner dans un combat, avant d'avoir complétement déployé une quantité de troupes suffisante pour tâter l'adversaire et reconnaître les forces qu'on a devant soi. Mais derrière ces soutiens, on peut très bien masquer de gros détachements dans quelque pli de terrain, ce qui permettra à tout escadron isolé non seulement de découvrir la marche de grandes masses, mais encore de pouvoir les arrêter pendant quelques minutes. Or, toute minute a son prix, en pareille circonstance. Pour peu que le gros de la division gagne seulement 5 minutes, elle prendra une avance de 1500 à 2000 pas, ce qui lui facilitera considérablement ses mouvements.

Il est encore une autre raison pour laquelle il faut préférer de forts détachements, c'est qu'il arrive souvent qu'on soit obligé de leur donner des missions spéciales. Ainsi, par exemple, dans le cas qui nous occupe, le 4e escadron du 1er dragons est chargé de s'emparer du pont de Saint-Remy, de le défendre au besoin et d'éclairer le terrain de l'autre côté. Or, le terrain qui se trouve en avant, le Niederwald qu'on a en face, et enfin la nécessité de pousser les reconnaissances dans la direction de Wissembourg et de Lauterbourg exigent un grand nombre de patrouilles.

En pays ennemi, il ne faut pas faire ces patrouilles avec 2 ou 3 cavaliers seulement; il vaut mieux y employer au moins 6 cavaliers. Trois hommes n'ont aucune autorité vis à vis d'une population mal disposée, et du reste, quand ils ne sont que 3, comme un ou deux d'entre eux doivent demeurer hors du village pour observer les chemins, il n'en reste plus qu'un pour aller aux renseignements.

Pour assurer la retraite de ces patrouilles, dans le cas où l'ennemi se présenterait, il faut occuper solidement et avec autant de forces que possible le pont de la Lauter, dont la possession est, du reste, nécessaire pour les opérations ultérieures. Par conséquent, le détachement composé du 4e escadron tout entier ne semble pas trop fort; il le serait même davantage, qu'on n'aurait aucune objection sérieuse à faire.

Pour ce qui est de l'ordre de marche à prendre par cet escadron, il pourrait prendre les dispositions suivantes : mettre un peloton en avant-garde, en détacher un 2e à une demi-lieue sur sa gauche; il laisserait simplement un sous-officier avec six cavaliers sur sa droite du côté de la route suivie par la division, ce qui suffirait complétement, puisque la colonne principale n'est pas bien éloignée et qu'elle fait de son côté éclairer une partie du terrain qui les sépare par des patrouilles.

Il n'en est pas de même sur le flanc droit de la division, où l'on n'a pas à craindre l'arrivée de grosses colonnes, à cause de la proximité de la montagne et de l'absence de grandes voies de communication, et encore moins de grandes masses de cavalerie. Il suffira donc, pour repousser les reconnaissances de l'ennemi et apprendre à temps les événements importants, de faire côtoyer l'avant-garde par un seul peloton à 1000 ou 2000 pas, suivant la nature du terrain et l'état des chemins.

Le commandant de la division ne restera certainement pas toujours avec l'avant-garde, car il a à s'occuper aussi du reste de sa division et à se porter sur certains points qui lui permettront de découvrir tout le terrain; il convient alors que son chef d'état-major se tienne en avant. Cet officier connaît exactement toute la situation et pourra apprécier rapidement à leur juste valeur tous les événements qui surviendront; il pourra faire les reconnaissances qui deviendront nécessaires pendant les pauses de la colonne et examiner à fond les prisonniers qu'on lui amènera.

Dans notre division, le chef d'état-major ne fut envoyé à la tête de la colonne qu'à la suite d'un arrêt dans la marche, résultant de ce qu'on avait cru voir l'ennemi au sud-est de Rechtenbach, tandis que la cavalerie qu'on apercevait était notre propre cavalerie. Il y eut, il est vrai, une époque où la tête d'une colonne en marche, du moins en temps de paix, s'arrêtait pour annoncer qu'elle apercevait un moulin à vent ou quelque chose d'analogue. Quoique pareille chose n'arrive plus de nos jours, on aura bien encore quelque occasion de voir des troupes avancées s'arrêter à une grande distance, à la vue de quelques cavaliers et attendre qu'il plaise à ceux-ci de s'approcher et de se faire reconnaître. Mais c'est précisément la mission des troupes avancées de reconnaître tout ce qu'elles aperçoivent d'insolite, et il convient d'y envoyer aussitôt quelques cavaliers. Sinon, il peut se faire qu'on prenne des haies pour des colonnes ennemies ou la poussière soulevée par un troupeau pour des indices de la marche de ces colonnes, et alors on finit par faire demi-tour ou l'on s'arrête comme ici devant une troupe amie.

On évitera les dérangements que peuvent produire de semblables méprises pendant la marche, si, *outre les escadrons d'éclaireurs, l'avant-garde se fait précéder elle-même par des patrouilles.* Dans le terrain découvert à parcourir ici, ces patrouilles pouvaient se porter en avant jusqu'à une lieue de l'avant-garde.

Mais, dans notre exemple, on a encore commis une autre faute.

Le commandant de la division savait, par l'entretien qu'il avait eu à Bergzabern, qu'un peloton de uhlans du 5e corps s'était porté dans la direction de Wissembourg; il aurait dû en informer, par la voie hiérarchique, l'escadron détaché en avant; cet escadron n'aurait plus alors été surpris, en apercevant des cavaliers au loin.

Le chef de ce peloton a omis, lui aussi, de faire

connaître sa présence aux troupes en arrière, surtout après qu'il eût rencontré l'ennemi. Il faisait très-bien de demeurer encore en observation devant l'adversaire, mais il devait au moins en donner avis, afin qu'on ne s'inquiétât pas inutilement de lui et que l'avant-garde du 5ᵉ corps n'envoyât pas un deuxième peloton à la recherche du premier. Cet avis, transmis par la route que suivait la division, aurait en même temps informé la tête de colonne de la présence des uhlans en avant, ainsi que de l'état actuel des choses devant Wissembourg.

Le peloton de uhlans aurait pu se tenir plus longtemps sur la ligne de la Lauter. Une fois qu'on a découvert l'ennemi, surtout à une aussi faible distance que celle à laquelle il se trouvait des avant-postes — 3 lieues — on ne doit plus le perdre de vue. Il y avait plusieurs manières de le faire : c'était de laisser le même peloton en observation ou de le faire relever au milieu du jour. Lorsque le général de division se trouve avec ses régiments en vue de Wissembourg et qu'il apprend par l'officier de uhlans que la ville est encore occupée et qu'il y a encore de la cavalerie à Altenstatt, sur la rive droite de la Lauter, il donne ses ordres conformément aux circonstances.

Il prescrit à la brigade de dragons d'observer avec un régiment les issues Est et Ouest de Wissembourg et avec l'autre de s'assurer du pont de la Lauter ; il place en même temps la brigade de grosse cavalerie en réserve, de manière à appuyer celui des deux régiments de dragons qui en aurait besoin.

« Mais, dira-t-on, il n'y avait dans Wissembourg que 30 douaniers, et la cavalerie dont on signalait la présence au sud de la Lauter, ne se composait que d'un escadron. On a donc interrompu la marche et fait des détachements en présence de forces insignifiantes. » Cependant, il n'était guère possible d'agir autrement dans les circonstances générales où l'on se trouvait. Le gros de la division ne pouvait, en tout cas, passer la Lauter avant qu'on ne se fût suffisamment couvert du côté de Wissembourg. Une attaque de l'ennemi, débouchant tout à coup en force de la place, aurait causé de sérieux embarras à la division, déjà au delà de la Lauter. Il ne suffisait donc pas de faire observer les portes et surtout celle de Landau par des patrouilles, il fallait encore tenir des détachements prêts à recueillir ces patrouilles et les faire assez forts pour empêcher l'ennemi de déboucher ou du moins pour retarder sa marche jusqu'à l'arrivée des troupes du 5e corps. Du reste, ces détachements étaient destinés, en outre, à pousser jusqu'à l'importante route de Bitche pour l'observer au moins par des patrouilles, et ils devaient être assez forts, dans le cas où l'ennemi évacuerait Wissembourg, pour le suivre et occuper provisoirement la place.

Mais, du moment qu'on s'était gardé par des forces suffisantes contre une sortie de Wissembourg, le gros de la division pouvait se porter

sans retard vers la Lauter et le 2ᵉ dragons la franchir. *La longue halte que fit la division était donc
complétement inutile.*

D'un autre côté, tout en portant son attention
sur Wissembourg, on ne pouvait se dispenser
d'observer la cavalerie ennemie qui se trouvait
sur la Lauter. D'après tout ce qu'on avait appris
jusqu'ici, il était plus que probable que l'on n'avait
pas des forces bien sérieuses devant soi ; il était
bien certain aussi que l'ennemi ne devait pas
ignorer l'approche de la division, et s'il avait concentré ses masses de cavalerie sur la frontière,
ce qu'on ne savait pas, ces masses pouvaient
arriver à tout instant et déboucher au-delà de la
Lauter.

En tout cas, il était donc indispensable de tenir
ici ces détachements prêts pour l'empêcher de
déboucher. Il faut ajouter, de plus, que la division voulait passer elle-même la Lauter, et l'on
devait profiter de ce que l'adversaire n'en occupait pas les ponts pour s'en emparer sans retard.

Quant à ce qui concerne l'artillerie, le général
de division fait mettre deux pièces de la batterie à
cheval en batterie contre Wissembourg et prescrit
aux quatre autres de refouler la cavalerie ennemie
et d'assurer le passage projeté de la Lauter. La
batterie se trouve ainsi divisée, mais cette sépara-
tion momentanée est commandée par les circonstances. On peut déjà voir par là combien la mission qui incombe, en ce moment, à cette grande
masse de cavalerie doit faire désirer qu'on lui

donne plus d'une batterie. La division en possède deux, sans doute, mais la 2ᵉ se trouve à la brigade détachée, où elle est certainement nécessaire ; cette brigade doit aussi passer la Lauter aujourd'hui et son artillerie ne pourra que lui être très utile, si l'ennemi tente de s'opposer au passage.

Ainsi, de l'examen du rôle que la division de cavalerie a eu à jouer dans la journée du 31, résulte déjà la nécessité d'avoir une batterie à chaque brigade de la division. Cependant, on ne peut formuler déjà une règle absolue, puisqu'elle ne reposerait, pour le moment, que sur des exigences découlant uniquement de circonstances exceptionnelles ; il faudra donc voir, dans la suite des opérations, si le besoin s'en fait sentir de nouveau et s'il est suffisamment justifié.

Les autres dispositions du général de division concernent la sommation qu'il envoie au commandant de la place de Wissembourg, et la reconnaissance qu'il prescrit de faire du terrain en arrière, ainsi que de la Lauter.

Quant à la première de ces dispositions, elle était tout indiquée, puisque rien ne faisait présumer une résistance sérieuse de la place. La deuxième était d'autant plus nécessaire que, dans la suite de ses opérations, la division pouvait perdre sa ligne de retraite par la grande route de Wissembourg à Landau, si l'ennemi venait à déboucher à l'improviste de la ville. Mais la rapidité de ses mouvements peut souvent dispenser la cavalerie de se ménager toujours la ligne de retraite la plus courte, et il n'en est que plus indispensable pour elle de reconnaître le terrain dans toutes les directions, chose qu'on oublie beaucoup trop souvent sous la pression des événements.

En exécution des ordres de la division, 3 escadrons de la 2ᵉ brigade, c'est à dire du régiment de tête, sont employés du côté de Wissembourg, et les 4 escadrons du régiment suivant du côté d'Altenstatt et du pont du chemin de fer. Il eût été préférable que le général de brigade dirigeât ses régiments en sens inverse, ce qui aurait permis aux 3 escadrons du 1ᵉʳ dragons de rester en communication avec leur 4ᵉ escadron, détaché vers Saint-Remy, tandis que celui-ci va se trouver isolé jusqu'à la fin de la journée.

Sur ces entrefaites, Wissembourg ayant été abandonné par l'ennemi, les escadrons du 1ᵉʳ dragons qui avaient été envoyés de ce côté, se disposèrent à occuper aussitôt la place. La 1ʳᵉ moitié du 3ᵉ escadron se porta immédiatement sur la route de Bitche, de sorte qu'il ne resta que deux escadrons et demi disponibles, auxquels vint se joindre, un peu plus tard, le peloton de uhlans du 5ᵉ corps. La première chose à faire était de s'emparer des portes. Le reste du 3ᵉ escadron resta à la porte de Bitche, 2 pelotons du 2ᵉ se portèrent à celle de Haguenau et le 1ᵉʳ escadron se tint à la porte de Landau. Les deux derniers pelotons du 2ᵉ escadron furent chargés de prendre possession des stations télégraphiques de la gare et de la ville, du matériel d'exploitation du chemin de fer, de la poste et de la recette particulière. Le maire, que l'on avait trouvé à la porte de Landau, fut invité à faire rassembler toutes les armes de la ville à la porte même.

L'occupation de cette place est d'une telle importance pour la situation générale, qu'il était urgent d'en informer immédiatement le grand quartier-général. Elle convient, du reste, parfaitement par sa position, pour l'établissement des magasins et des hôpitaux nécessaires aux opérations ultérieures, et l'intendant de la division doit s'y rendre immédiatement.

Quant au passage de la Lauter, il est utile que le général commandant la brigade de dragons s'empare aussi du pont du chemin de fer. De grandes masses de cavalerie doivent toujours veiller à avoir, autant que possible, plus d'un pont à leur disposition. Mais on a fait une faute en se contentant, à Altenstatt, d'occuper seulement le pont du village. On voulait franchir la rivière, mais on ne pouvait le faire sans certaines précautions, puisque l'ennemi se trouvait de l'autre côté du village. Par conséquent, il était non seulement nécessaire de placer l'artillerie dans une position qui lui permît de favoriser le débouché, mais il fallait aussi utiliser la situation particulière du village, qui forme une tête de pont naturelle. Le 4e escadron aurait donc dû mettre pied à terre tout entier et s'embusquer à la lisière sud ainsi qu'aux issues qui sont sur les côtés. C'est là une des occasions où la cavalerie doit combattre à pied.

On pourrait reprocher ici trop de minutie en présence de la faiblesse de l'adversaire, mais ce n'est cependant là qu'une précaution toute naturelle. On ne peut discerner suffisamment la force de l'ennemi et l'on ne doit pas s'exposer, en débouchant à la légère du défilé, à un échec même partiel, si l'on a les moyens de le prévenir.

En terrain découvert et non accidenté, on fera moins de cérémonies.

Le gros du 2ᵉ dragons prend tout autant de précautions pour se déployer sur la rive droite de la Lauter. Mais l'adversaire ne lui laisse même pas le temps d'attaquer; se voyant menacé sur son flanc par le 4ᵉ escadron accouru en toute hâte du Niederwald, il est forcé de précipiter sa retraite. Le 2ᵉ escadron du 2ᵉ régiment, qui était en flanqueurs sur la droite, arrive avec non moins d'à-propos un peu plus tard à Riedseltz. On voit par ces deux exemples qu'on ne doit jamais renoncer au concours opportun des troupes détachées sur les flancs; ces troupes peuvent souvent produire un effet décisif, mais il faut pour cela que leurs chefs ne perdent pas de vue les événements qui se développent en avant du gros de la colonne.

Il n'en a pas été ainsi aux détachements que le 1ᵉʳ dragons avait à la gare et entre Altenstatt et Wissembourg. Ils pouvaient exercer une influence très-considérable contre le flanc de l'escadron ennemi, surtout quand ils entendirent tirer à Altenstatt; ils pouvaient même certainement

13

empêcher la retraite du peloton qui a gagné le Geisberg. On ne doit pas se contenter d'exécuter strictement la mission qui vous a été donnée, il faut aussi saisir toutes les occasions de se rendre utile.

Dans la continuation de la marche sur Riedseltz, le 4ᵉ escadron du 1ᵉʳ dragons, qui était arrivé en tête, conserve l'avant-garde, le 2ᵉ suit avec la batterie à cheval; la brigade de grosse cavalerie se dirige sur les deux ponts de la Lauter.

Il faut toujours reconnaître les ponts de chemin de fer avant d'y diriger les troupes. Ordinairement, la voie traverse la vallée sur des remblais assez élevés, et il n'est pas toujours possible à la cavalerie d'arriver sur le remblai aux abords du pont. Il lui faut souvent chercher un endroit plus favorable pour y parvenir, et s'il ne s'en trouve qu'à une grande distance, on n'a aucun intérêt à s'en servir, pour peu qu'on soit pressé. La voie présentait ici des difficultés de ce genre, il valait mieux, une fois qu'on s'en était assuré, amener sur la chaussée la brigade de grosse cavalerie tout entière, en lui faisant traverser Altenstatt.

La nécessité de garder quelque temps un défilé, après qu'on l'a franchi, varie en raison des circonstances. Si l'ennemi est en face du défilé et à peu de distance, la cavalerie fera bien de l'occuper pour assurer sa retraite, si elle est repoussée. Mais, dans la circonstance présente, on savait que l'ennemi avait peu de forces sur la rive droite de la Lauter, sur laquelle on débouchait. La division n'avait rien à craindre, par conséquent, sur son front et on s'éloignait du défilé à chaque pas qu'on faisait en avant. Si l'on rencontrait plus loin l'ennemi assez en force pour obliger la division à la retraite, on avait toujours le temps d'envoyer en arrière quelques escadrons au galop et de leur faire occuper le défilé, en leur faisant mettre pied à terre.

Nous avons encore à parler *du 2ᵉ escadron du 2ᵉ dragons* qui a été détaché sur le Geisberg après le passage de la Lauter. Une partie de la cavalerie ennemie s'était dirigée par là, dans sa retraite ; il fallait donc savoir où elle s'était arrêtée. Mais la masse principale de la division suivait alors la grande route par laquelle non seulement s'était retiré l'escadron ennemi, mais par où encore pouvaient venir les renforts de l'adversaire. Or, la route longe le pied des derniers contre-forts de la montagne, sur lesquels débouche aussi la route de Bitche ; il faut être rassuré complétement contre un mouvement de ce côté. On y enverra donc un escadron, avec mission d'éclairer assez au loin et de tenir tête aux petits détachements de l'adversaire.

Ceci fait, le gros de la division n'a plus besoin de beaucoup de monde pour couvrir son flanc droit. L'escadron du 2ᵉ dragons, dont nous venons de parler, ainsi que les patrouilles du 1ᵉʳ dragons doivent éclairer suffisamment toutes les hauteurs jusqu'à la montagne proprement dite. Toutefois, le gros doit envoyer un officier avec quelques cavaliers en observation sur le plateau du Geisberg, parce que la grande route qu'il suit longe le pied des hauteurs, qui ne permettent pas de voir ce qui se passe sur la droite. Mais il n'y avait aucune raison pour y détacher *tout un escadron de cuirassiers*.

Il n'en est plus de même sur la gauche, où l'on a détaché *l'escadron de uhlans*. Le général de division s'est aperçu que le 4ᵉ escadron du 1ᵉʳ dragons qui avait été envoyé de ce côté, s'est détourné de sa mission spéciale pour se porter au combat et qu'il a débouché sur la grande route. On ne peut éviter de pareils accidents; ils naissent de la nature même des circonstances. Les escadrons détachés doivent toujours se porter du côté où ils ont le rôle le plus important à jouer dans le moment, et en présence de la nécessité de prendre part au combat, toutes les autres considérations doivent disparaître.

On ne doit pas, cependant, perdre complétement de vue la mission qui vous était confiée, et il faut chercher à y satisfaire dans une certaine limite, mais en y employant pour le moment le moins de monde possible.

Le 4ᵉ escadron du 1ᵉʳ dragons, au moment où il se porte contre les chasseurs, devra donc laisser au moins quelques patrouilles pour répondre, dans une certaine mesure, à la mission qui lui a été donnée, c'est à dire, pour couvrir le flanc gauche et relier la division avec la brigade de hussards. La place de ces patrouilles est tout indiquée : l'une sur la route qui traverse le Niederwald, l'autre vers l'angle sud-ouest de la forêt, pour observer les routes de Lauterbourg et de Fort-Louis.

Or, le général de division ne peut voir immédiatement si l'escadron a envoyé effectivement ces patrouilles, et lorsqu'il le voit s'engager sur un tout autre point que celui où il se trouvait tout à l'heure, il doit supposer qu'il a été détourné de la mission qui lui était confiée ; il doit donc se croire autorisé à envoyer un nouveau détachement de ce côté, et ce détachement, il le prend au régiment qui se trouve le plus près. Dans l'intention où il était de porter la division encore plus en avant, vu la situation des choses, un seul peloton de uhlans aurait suffi pour observer les deux routes de Lauterbourg et de Fort-Louis. Seulement, comme il faudra ensuite établir les avant-postes dans cette direction, et qu'il y aura tout avantage à y employer des troupes déjà orientées dans le terrain, on peut considérer l'envoi de tout un escadron comme suffisamment motivé.

Le général de division aurait dû préciser lui-même la force de ses flanqueurs, sans en laisser le soin au général commandant la brigade de grosse cavalerie ; lui seul est en mesure de juger la situation et c'est à lui à déterminer le nombre des flanqueurs à envoyer, pour ne pas s'exposer à voir ses troupes dispersées inutilement.

Il est vrai que ces deux détachements de la

1ʳᵉ brigade ne présentaient pas grand inconvénient, puisqu'ils se trouvaient intimement liés
avec le gros, dont ils étaient peu éloignés ; mais
on ne peut jamais savoir où vous conduiront les
événements et s'il ne sera pas alors trop tard pour
rappeler à soi les escadrons détachés.

Le général de division prescrit ensuite à la brigade de dragons de ne pas poursuivre l'ennemi
au delà de Riedseltz. Il supposait que l'adversaire,
ne se sentant pas en force, se retirerait à une
grande distance sans attendre qu'on le talonnât
davantage et nous laisserait ainsi tout naturellement l'espace dont nous avions besoin au sud de
la Lauter pour établir les avant-postes et installer
les bivouacs. Mais cette supposition ne tarda pas
à s'évanouir, puisque l'adversaire reçut des renforts à Riedseltz, et l'on fut obligé, par conséquent, de se reporter en avant.

Dans l'intervalle, le commandant de la division
s'était porté sur le Geisberg pour juger lui-même
le terrain.

Il songeait en même temps, comme tout à
l'heure déjà, à rappeler les détachements qui ne
lui paraissaient plus nécessaires. A cet effet, il
avait déjà prescrit au 4ᵉ escadron du 2ᵉ dragons de
rentrer à Altenstatt; il envoya en ce moment au
1ᵉʳ dragons l'ordre de quitter Wissembourg,
maintenant suffisamment gardé par le détachement du 5ᵉ corps, et de rejoindre la division.

Il recommande formellement au général C. de
ne point s'engager avant que la brigade de grosse

cavalerie ne puisse l'appuyer. La rapidité avec laquelle se dénoue un combat de cavalerie rend cette précaution beaucoup plus nécessaire pour la cavalerie que pour l'infanterie.

L'artillerie a forcé le pont de Riedseltz, qui était occupé par des chasseurs ennemis. Grâce à l'arrivée de la batterie légère, on put battre le pont sous un feu croisé de front et de flanc ; la batterie à cheval parvint aussi à le prendre en écharpe, mais il fallut pour cela porter deux pièces à une demi-lieue.

Or, cette batterie à cheval se trouvait avec la grosse cavalerie ; il fallut d'abord la faire venir. Si elle avait marché avec les dragons, ceux-ci auraient pu, dès leur arrivée devant Riedseltz, tenter immédiatement à eux seuls le passage du défilé. Mais quand il n'y a qu'une seule batterie pour plusieurs brigades, il est clair que l'on ne l'aura pas toujours sous la main au moment et aux endroits voulus ; on voit donc encore ici combien il est nécessaire d'attacher une batterie à chaque brigade. Dans le cas présent, trois escadrons suffirent pour arrêter assez longtemps la division et on perdit du temps inutilement.

Sans ce concours de l'artillerie, la cavalerie aurait été obligée de chercher d'autres passages sur la Seltz et de faire ainsi de grands détours, qui auraient pu, du reste, être sans effet, si l'adversaire s'était trouvé assez fort pour occuper les autres ponts de la rivière, ce qu'on ne savait pas.

Aussi, en envoyant un escadron sur la droite par Steinseltz, on ne devait avoir pour but que d'éclairer la vallée en amont, et dans les instructions qui sont données à cet escadron, il lui est formellement interdit de s'engager, dans la position isolée où il se trouve, puisque d'autres troupes ne sont pas en mesure de l'appuyer.

Et cependant, cet escadron est le seul qui en arrive réellement aux mains dans cette journée et ait un succès. On voit que de pareilles instructions ne sauraient enlever au commandant de l'escadron toute son initiative. Il a raison de plier d'abord, mais quand il aperçoit la cavalerie ennemie se retirer par un défilé en passant à sa portée et lui prêter le flanc, il l'attaque. Les chances sont d'abord égales, un escadron contre un escadron; cependant, l'adversaire peut recevoir des renforts plus tôt que l'assaillant. Mais aussi, si l'attaque réussit, le succès sera considérable, attendu que l'adversaire se trouve presque adossé au défilé qu'il doit franchir pour se retirer, et ce ne sera jamais une faute de payer d'audace pour obtenir un grand résultat. La guerre sans audace n'est plus la guerre, celui qui ne veut rien risquer fera bien de ne pas s'y engager.

Ce sujet nous amène à réfuter certaines idées qu'on se plaît souvent à exprimer. On dit souvent que la cavalerie qui se retire par un défilé sous les yeux de l'ennemi doit faire une dernière tentative et attaquer avec ses dernières troupes avant de les engager dans le défilé. Cela n'a de sens que si celui qui se retire peut encore être atteint par l'ennemi pendant qu'il traverse le défilé. Car il n'y a rien de plus nuisible que d'être rejeté sur un défilé et l'on doit toujours éviter de combattre en avant, si cela n'est pas nécessaire.

L'opportunité d'attaquer ou de ne pas attaquer avec les dernières troupes dépend essentiellement de la force et de la distance respectives des deux parties opposées, ainsi que du temps nécessaire à celui qui se retire pour que ses dernières troupes aient franchi le défilé.

Dans le cas qui nous occupe, les 2 escadrons opposés étaient restés en observation à 1200 pas de distance. La tête des chasseurs se trouvait à 1000 pas du pont ; en supposant qu'ils rompent par 3 pour s'y rendre, la colonne aurait 200 pas de longueur, et la queue aurait ainsi 1200 pas à faire, avant de pouvoir franchir le défilé, ce qui n'exigerait pas même 4 minutes, en trottant jusqu'à l'entrée du défilé et le traversant ensuite au galop. Les dragons, au contraire, avaient 2200 pas à parcourir jusqu'au pont ; en supposant même qu'ils parcourussent cet espace au galop, ce qui n'était pas possible à cause de l'escarpement des berges, il leur faudrait toujours 4 minutes et demie. L'escadron de chasseurs n'était forcé d'accepter le combat que si l'attaque se produisait avant que les 2 autres escadrons qui se retiraient ne fussent arrivés à moins de 400 pas du pont. Et même dans ce cas, cet escadron pouvait suivre immédiatement la queue de la colonne sans être atteint par l'adversaire le suivant au galop.

Ainsi donc, quand il s'agit de franchir un défilé en arrière, on peut très facilement voir, au moyen d'une judicieuse appréciation du temps et des distances, si l'on a le temps de le traverser avant d'être atteint par l'adversaire. Dans le cas contraire, il ne reste plus qu'une chose à faire : se jeter tête baissée sur l'ennemi. Mais pour bien juger de semblables situations, il faut beaucoup d'habitude.

La distance de 1200 pas, à laquelle nous avons supposé nos escadrons en observation vis à vis l'un de l'autre, peut paraître très considérable. Mais avec l'armement actuel, elle sera rarement plus petite, à moins que le terrain ne soit quelque peu couvert. Le tir à cheval ne sera jamais bien efficace, mais rien n'empêche de faire mettre pied à terre aux meilleurs tireurs, qui tiendront ainsi l'ennemi à grande distance.

De ces considérations résulte déjà la nécessité de parcourir de grands espaces pour attaquer.

Le règlement prescrit de se faire précéder constamment par quelques éclaireurs (2 suffisent par escadron) pour reconnaître d'avance les difficultés du terrain. Il ne faut pas pour cela négliger de détacher quelques cavaliers en observation sur les flancs. Le sous-officier de dragons que l'on a porté sur la pente qui descend vers la Seltz était ici de la plus grande utilité.

Dans l'attaque de l'escadron de dragons, le peloton de flanqueurs se rallie sur la gauche et

attaque à son tour, tandis que le 1er peloton suit
en réserve sur le flanc droit. D'après la direction
générale de la retraite de l'ennemi, on a moins à
craindre pour le peloton de gauche et on peut,
par conséquent, ici l'engager en première ligne.
Il n'est pas nécessaire cependant que les flanqueurs se rassemblent à la hauteur des autres
pelotons et se relient intimement avec eux. Si l'on
est sûr de son monde, il vaut mieux les lancer à
l'attaque en fourrageurs par les côtés, ce qui
permettra au peloton de prendre plus complètement l'adversaire en flanc.

Toute attaque exécutée par une troupe de cavalerie de la force d'un escadron au moins, a besoin
d'être soutenue par une réserve qui la suive de
près. Celui qui commande ne peut pas toujours
voir ce qui suit la première ligne de l'adversaire; on peut se trouver menacé tout à coup par
quelque attaque sur ses flancs ou ses derrières; et
s'il arrive quelquefois que le peloton de réserve
ne puisse la repousser, il pourra du moins arrêter
l'ennemi un certain temps et permettra ainsi au
reste de l'escadron de se remettre en meilleure
situation.

Dans l'attaque que nous avons décrite, au moment où la gauche des chasseurs débordant le
2e peloton de dragons qui forme en ce moment
l'aile droite va l'envelopper et la renverser, l'arrivée du 1er peloton en masse serrée ne peut man-
quer de produire un effet décisif. Car ces chasseurs doivent être déjà en désordre, une partie

de leur aile gauche a conversé à droite et cherche
à tomber sur le flanc et les derrières de l'escadron
de dragons. Le reste de cette aile gauche n'aura
pas suivi ce mouvement de conversion et chargera
pour ainsi dire dans le vide. Dans l'attaque d'un
escadron, l'arrivée en temps opportun d'un peloton frais et compact est d'une importance capi-
tale, ce peloton peut même renverser tout ce qu'il
rencontre. Or, pour peu que l'impulsion de la retraite soit donnée sur quelque point de ce champ
de bataille restreint, elle se communiquera très
rapidement au reste des troupes de l'adversaire.

Qu'on n'oublie pas que le désordre est insépa-
rable de toute mêlée de cavalerie ; la supériorité
numérique ne peut même vous y soustraire et si
une troupe massée vient à pénétrer dans ce chaos,
elle produira un effet souvent décisif, qui sera
loin d'être en rapport avec sa force numérique.
Ceci a naturellement des bornes ; quand deux
divisions de cavalerie en viennent aux mains, un
escadron ne pourrait produire un effet décisif. Il
produira une certaine sensation sur le point où il
s'engage, mais il ne tardera pas à se fondre et à
disparaître à son tour dans la mêlée.

Mais, dans le combat de 2 escadrons, l'emploi
d'un peloton tenu en réserve pourra très bien
décider la question ; le même résultat pourra de
même se produire avec un escadron dans le combat de 2 régiments.

Cependant, il arrivera aussi que l'aile menacée
fasse simplement demi-tour sans courir le risque

d'être enveloppée par une longue ligne de cavalerie.

L'attaque d'un peloton ou d'un escadron peut produire un effet presque encore plus rapide, si elle précède le choc de 2 escadrons ou de 2 régiments et si elle se fait contre les lignes déjà déployées de l'adversaire.

On a souvent aussi employé la méthode suivante : on marche à l'attaque, puis on l'interrompt quand on arrive à proximité de l'adversaire, et on fait demi-tour par peloton. L'adversaire prend ce mouvement pour un mouvement de retraite, se précipite tête baissée sur vos escadrons et disperse ainsi tout son monde. C'est alors le moment pour celui qui se retire de se remettre face en tête pour attaquer à son tour et profiter ainsi de l'énorme avantage d'une attaque serrée contre un adversaire en désordre. Mais évidemment, pour exécuter de pareilles manœuvres, il faut être sûr de la bravoure et de la discipline de ses hommes, et avoir des troupes sachant bien manœuvrer.

Ces considérations s'appliquent plus spécialement aux combats de petits détachements et ne sauraient s'adapter complétement à de grandes masses de cavalerie; nous examinerons en détail, dans la suite de ces études, ce qui concerne plus particulièrement ces dernières.

Le ralliement dépendra souvent des circonstances où l'on se trouve : en tout cas, il faut s'efforcer de l'effectuer le plus rapidement et le

plus en avant qu'on pourra. Si l'on en est empê-
ché, comme dans le cas présent, où le feu violent
et à bonne portée des chasseurs embusqués au
delà du ruisseau ne permet pas de le faire en
avant, il faut au moins chercher à se rallier sur
le point d'où l'on est parti pour la première
charge. Il ne faut pas oublier que, même après
une charge réussie, le ralliement effectué sur le
point de départ fait toujours sur vos troupes l'im-
pression d'un échec. Si elles n'ont pas été en
situation de voir par leurs yeux le développement
du combat jusqu'à sa dernière phase, elles ne
verront que des masses se retirant en désordre,
entraînant avec elles des chevaux sans cavaliers,
voire même quelques cavaliers ennemis.

Mesures prises après la marche et après le combat.

Dans notre exemple, le combat a cessé du moment qu'on avait atteint le but poursuivi dans la
marche de la journée ; on ne pouvait plus, d'ailleurs, faire aucun mal à l'ennemi et on avait toute
liberté pour prendre des bivouacs convenables.

Mais le rôle de la cavalerie continue toujours et
elle doit veiller à *conserver le contact avec l'ennemi, une fois qu'elle l'a trouvé.* Les troupes, qui
sont chargées de l'observer, ne le quittent plus
des yeux, jusqu'à ce que les opérations se dessi-
nent plus complétement et exigent leur rappel.

Les moyens à employer pour conserver le contact dépendent de la distance à laquelle l'ennemi s'est retiré. S'il se tient à proximité des avant-postes, les patrouilles de ces derniers suffisent pour l'observer, et il faut en régler le service, surtout en ce qui concerne l'heure de les relever, de manière à ce que l'adversaire soit toujours soumis à un contrôle incessant. Si, au contraire, l'ennemi s'est retiré à une grande distance, on le fera suivre par un ou plusieurs escadrons qui pourront se porter 2 à 4 lieues en avant et plus loin même dans certaines circonstances, et lancer ensuite leurs patrouilles pour savoir où il s'est arrêté.

Il est évident qu'il faut lancer ainsi des escadrons en avant, même dans le cas où l'on ne se serait pas encore mis en contact avec l'adversaire; plus on peut s'éclairer à de grandes distances et plus c'est utile.

Dans notre brigade de dragons, un escadron suit d'abord l'ennemi au delà du défilé d'Ingolsheim et ne se replie qu'après s'être assuré que l'ennemi s'est arrêté à Schönenbourg. La proximité de l'adversaire dispensait cet escadron de rester plus longtemps en observation, puisque les patrouilles des avant-postes pouvaient le surveiller sans le perdre de vue.

Au reste, on a le droit de dire que la division de cavalerie, et spécialement son chef, ont perdu de vue l'intérêt général et l'ensemble de la situation, aussi bien en ce qui concerne le service d'explora-

*tion qu'au point de vue de la sécurité et de l'in-
stallation des troupes employées à ce service.*

L'attention s'est d'abord naturellement portée
sur l'ennemi qu'on avait en face, à la colonne de
droite ; il était naturel de rester attaché à sa piste
et de se garder d'abord de ce côté, et on chargea
de ce soin le 2ᵉ dragons sur le front, et les 2 escadrons de uhlans sur le flanc gauche à Ober-
Seebach. Ces derniers prirent position, à cet effet,
dans le terrain découvert d'Ober-Seebach, tandis
que les dragons purent utiliser le défilé d'Ingolsheim. Ces sortes de défilés offrent d'excellentes
positions pour les avant-postes de cavalerie, à
condition de les occuper par des hommes à pied,
comme on le fit ici. On peut pousser des grand'-
gardes à cheval au delà.

Dans le cas présent, *on a beaucoup trop négligé
d'éclairer la région où l'on ne s'est pas encore
trouvé en contact avec l'ennemi.* Les mesures prises à la colonne de droite ainsi qu'à la brigade de
hussards ont eu bien plus pour objet d'assurer la
sécurité propre des troupes que le développement
ultérieur du service d'exploration. Si l'on n'avait
pas négligé ce dernier point de vue, on se serait
dit : « L'ennemi nous empêche de nous porter en
avant, mais du côté de Schönenbourg seulement ;
il ne nous barre donc que la route de Soultz,
mais il n'en est pas de même des autres routes et
il faut en profiter autant que possible. » Un simple examen du terrain fait reconnaître la nécessité de faire observer les grandes routes non seu-

lement par de petites patrouilles, comme on le fit ici, mais encore de les occuper par des détachements assez forts pour pouvoir tenir tête aux reconnaissances de l'ennemi et pousser au loin leurs patrouilles. Or, il y avait entre la Seltz et le Rhin deux grandes routes : celle de Forstfeld à Wissembourg par Nieder-Roderen et Tombach et celle de Seltz à Lauterbourg. Les grandes routes forment toujours les lignes d'opérations des grands corps de troupes, dont il faut principalement se préoccuper ici.

On aurait donc pu très bien détacher jusqu'à Tombach et Wintzenbach quelques escadrons, qui auraient à leur tour facilement lancé leurs éclaireurs jusqu'à l'est de la grande forêt de Haguenau et jusque dans l'Ober-Wald.

Si l'on n'avait été forcé de se rappeler que c'était le premier jour de marche, ces escadrons auraient pu, au cas où l'ennemi ne s'y serait pas opposé, pousser même jusqu'à Nieder-Roderen et Seltz, où ils auraient dû, il est vrai, se garder avec les plus grandes précautions.

Du reste, rien n'empêchait d'observer la route de Forstfeld à Soultz par Hatten et Rittershoffen, laquelle avait bien son importance. Il n'était pas besoin que les patrouilles s'avançassent jusqu'à la route même ; il leur suffisait de l'observer, en se tenant aux environs d'Ober-Roderen. Les deux escadrons d'Ober-Seebach pouvaient très-bien y envoyer leurs patrouilles, et si celles de l'ennemi venaient à les tenir en échec, il fallait les faire charger rapidement par une patrouille plus forte, sous le commandement d'un officier. La suite aurait montré si elles masquaient quelque mouvement de l'adversaire ou si elles étaient fortement soutenues en arrière.

Il est de règle, en général, que quand de petites patrouilles d'observation se voient empêchées par les patrouilles de l'adversaire de pénétrer dans ses lignes, il faut les attaquer rapidement, afin de bien reconnaître la position.

L'emplacement des avant-postes de notre 1re division de cavalerie présente encore d'autres inconvénients. On observe bien la route de Fort-Louis, mais sur les côtés seulement, de sorte que si l'ennemi débouche le lendemain matin sur cette route avec de grandes masses, il ne trouvera aucune résistance sérieuse sur la route même ; les grand'gardes de uhlans et de hussards quitteront la route pour prendre des directions divergentes et les communications entre la brigade de hussards et le gros de la division seront compromises. Cette éventualité n'a pu échapper au général de division, car, dans son ordre pour le lendemain, il assigne formellement cette route à la brigade de hussards et lui prescrit de marcher sur Nieder-Roderen par Tombach.

De plus, la brigade de dragons campe tout entière sur la rive droite de la Seltz, et la brigade de grosse cavalerie, qui forme le gros de la colonne, est tout derrière elle sur la rive gauche. Il en résulte que n'importe quelle alerte, comme celle qui s'est produite dans l'après-midi à l'approche des reconnaissances ennemies, vient troubler aussi le repos du gros. De plus, les deux escadrons de uhlans détachés vers Ober-Seebach doivent être considérés comme faisant partie des avant-postes, puisqu'ils se trouvent à la même hauteur que les dragons. Mais si l'ennemi s'avance en force de ce côté, ne serait-ce même qu'avec l'intention de faire une reconnaissance, le gros proprement dit des avant-postes, c'est à dire la brigade de dragons, ne sera nullement en mesure de soutenir les uhlans, et il faudra que l'appui dont ils ont besoin leur soit fourni par la brigade de grosse cavalerie. L'alerte se communiquera ainsi aux deux brigades à la fois, qui seront troublées dans leur repos peut-être par un seul escadron ennemi.

Ce sont là de grands inconvénients dont les résultats peuvent avoir une certaine gravité, surtout s'il s'agit de surprises de nuit. L'avant-garde est là pour veiller, dans la limite de ses forces, au repos et à la sécurité du reste des troupes. S'il en est autrement, c'est qu'on a pris de mauvaises dispositions.

Du moment qu'on renonce à s'engager avec l'adversaire, le point où l'on s'arrête détermine généralement l'emplacement des avant-postes.

On pouvait donc ici ne pas les pousser plus loin et leur ligne devait s'étendre le long du ravin d'Ingolshéim, en se prolongeant jusqu'à Ober-Seebach.

Les bivouacs du reste de l'avant-garde et du gros de la division auraient été déterminés en conséquence. La direction de la vallée de la Seltz, qui coupe le terrain où se trouve l'avant-garde, constitue bien un obstacle pour l'emplacement de son gros. Si on le plaçait sur la rive droite, il aurait un défilé immédiatement sur ses derrières. Cependant, comme on avait l'intention de se porter au delà du défilé le lendemain, il fallait aussi en être suffisamment maître pour assurer le débouché des autres régiments.

D'un autre côté, il ne fallait pas perdre de vue qu'une attaque soudaine de la cavalerie ennemie serait beaucoup plus dangereuse à la partie des avant-postes qui se trouvait en terrain découvert du côté d'Ober-Seebach, qu'au centre et à l'aile droite, qui étaient protégés par le ravin d'Ingolsheim. Le gros de l'avant-garde ne pourrait appuyer assez vite l'aile gauche, s'il était obligé de traverser d'abord le défilé situé derrière lui ou le chemin de fer pour venir à son secours, et il serait même exposé à être gravement compromis, au moment du passage du défilé, si l'aile gauche était vivement repoussée.

On pouvait éviter ces deux inconvénients en laissant le gros de l'avant-garde à Riedseltz-Oberdorf et en faisant occuper Riedseltz par un détachement.

Il résulte de là qu'il fallait placer plus en arrière le gros de la division, c'est à dire la brigade de grosse cavalerie et la batterie à cheval. De cette manière, l'avant-garde et le gros eussent été dans leur rôle respectif, et non seulement on aurait évité les inconvénients que nous venons de signaler, mais la route de Fort-Louis eût été couverte avec des forces suffisantes.

Une division de cavalerie qui précède une armée n'a pas seulement à s'occuper des routes sur lesquelles on a déjà rencontré l'ennemi, mais bien aussi des directions dans lesquelles il peut plus tard se présenter.

Mais, en campagne, il y a deux nécessités capitales auxquelles on ne peut se soustraire et qui ne permettent pas toujours de remplir toutes les conditions désirables. Il faut d'abord avoir de l'eau à proximité, ce qui obligera souvent à rapprocher les bivouacs pour procurer l'eau nécessaire aux chevaux, tandis que d'autres fois, il faudra les éloigner les uns des autres. En second lieu, il est très important que les troupes arrêtent leurs mouvements aux endroits mêmes qu'on occupe, au moment où le général donne l'ordre de bivouaquer ; on n'aime pas à faire rétrograder une troupe, surtout si le lendemain elle doit se reporter en avant et faire ainsi deux fois le même chemin.

C'est bien pour ces raisons que le général de division a fait avancer aussi la brigade de grosse cavalerie jusqu'à la Seltz. Cependant, elle avait encore une certaine distance à franchir avant d'atteindre le pont de Riedseltz, au moment où fut donné l'ordre de bivouaquer ; du point où elle se trouvait auparavant, elle n'aurait guère eu plus d'une demi-lieue à faire pour se placer à une distance rationnelle de l'avant-garde.

La proximité de l'eau et les positions où se trouvaient les troupes à la fin des opérations de la journée ne forçaient donc en rien de concentrer les deux brigades sur un espace aussi restreint.

A la guerre, on peut certainement souvent agir contre les règles, sans que l'adversaire, qui ne s'aperçoit pas de vos fautes, en profite pour vous en punir. Mais s'il en résulte un échec, votre réputation et celle de vos troupes en sont sensiblement compromises, abstraction faite des pertes subies et de la gravité des conséquences. La témérité n'exclut jamais la prudence, et même, plus on est audacieux, plus il faut être prudent, sinon on se voit entraîné dans des situations critiques, qu'on aurait pu éviter ; la témérité devient alors de la légèreté et ceux qui vous jugeront ne s'inquiéteront guère si de semblables situations sont restées cent fois impunies.

Toutefois, si l'on s'était résolu à reporter le gros en arrière jusque vers Altenstatt, il eût été préférable de ne pas le faire bivouaquer et de le cantonner dans ce village, qui est assez étendu.

Il y a lieu de revenir encore une fois sur ce sujet si important des bivouacs. Pour peu que la division continue ainsi qu'elle a commencé les 30 et 31 juillet et bivouaque chaque jour, on ne devra pas s'étonner de voir bientôt les chevaux sur les dents. L'influence des bivouacs sur la santé des chevaux et sur le harnachement est des plus nuisibles et l'on ne saurait trop prendre à cœur le mot du fameux général von Schreckenstein : « *Le plus mauvais cantonnement est préférable au meilleur bivouac.* » On ne doit bivouaquer qu'en cas de nécessité absolue, sinon on gaspillera plus de forces que par la marche la plus rude.

C'est le grand quartier-général qui a ordonné de bivouaquer le 30 juillet. Il doit cependant se garder d'entrer dans de pareils détails; il vaut mieux indiquer simplement aux troupes la mission qu'elles ont à remplir, en leur laissant, dans la plupart des cas, le soin de prendre les dispositions nécessaires. Il est vrai que le quartier-général pouvait avoir des raisons particulières pour en agir ainsi et qu'il a dû se dire : « Une fois que la division de cavalerie aura dépassé les avant-postes du 5ᵉ corps, son gros arrivera certainement sur la Lauter dans la journée. Mais si l'on ne concentre pas toutes les troupes près du point de départ, les fractions les plus éloignées auraient à faire 9 lieues pour leur premier jour de marche, ce qui est beaucoup trop ; il vaut mieux limiter cette marche à six lieues, en rassemblant préalablement toutes les troupes aux environs de Landau. » Un pareil raisonnement peut paraître assez plausible, mais on pouvait obtenir le même résultat en laissant à la division de cavalerie toute liberté d'action pour le 30 juillet. Elle eût pris des cantonnements resserrés dans la zone affectée à sa concentration ou même dans le rayon de l'avant-garde du 5e corps au sud de Landau. Dans ce cas, on eût logé dans les villages un nombre d'hommes et de chevaux beaucoup plus considérable que cela n'est admis ordinairement. En tout cas, il vaut encore mieux, si la division a six lieues à faire, imposer un supplément de trois lieues à quelques-unes de ses fractions, plutôt que de les faire bivouaquer.

Quand, au 31 juillet, nous retrouvons encore en plein air une partie des dragons et des uhlans, le régiment de cuirassiers et toute la brigade de hussards. Nous en avons déjà donné plusieurs raisons.

Mais il faut y ajouter encore un motif capital, c'est l'inquiétude qu'on a de ne se croire assuré contre toutes les éventualités qui peuvent se présenter, qu'à la condition de voir toutes ses troupes rassemblées autour de soi. Les bivouacs sont cependant beaucoup plus exposés que les cantonnements, ils sont surtout moins à l'abri de surprises. Il suffit de quelques cavaliers ennemis qui pénètrent dans le bivouac pour couper les cordes de campement, les longes des chevaux et produire le plus grand désordre; s'ils pénètrent, au contraire, dans un village où l'on est en cantonnement, on peut les arrêter facilement à coups de fusil, sans quitter les maisons. Il est évident qu'il ne faudra jamais laisser les cuirassiers seuls dans un village. Mais, dans les deux cas, un service de patrouilles bien entendu pourra seul mettre les troupes à l'abri contre des surprises d'infanterie.

D'un autre côté, si on apprend, pendant le jour, l'approche de masses de cavalerie, on sera plus vite en mesure de s'y opposer, si l'on est bivouaqué que si l'on est cantonné. Cependant, l'adversaire, qui n'est pas entièrement au courant de la situation, laquelle change tous les jours, ne fera avancer sa cavalerie qu'avec la plus grande prudence, du moment qu'il rencontrera une première résistance de la part des avant-postes et ensuite des avant-gardes. Les cantonnements offrent de si grands avantages qu'on doit toujours chercher à en faire usage. En portant l'avant-garde suffisamment en avant, autant que possible jusqu'à une ligne de défense, et en poussant au delà quelques escadrons qui se relieront avec elle, en organisant un service de patrouilles bien entendu et en répartissant les troupes plutôt en profondeur qu'en largeur, on sera presque toujours en mesure d'écarter tout danger.

Les bivouacs du 30 et du 31 juillet, tels qu'ils ont été pris, n'étaient donc pas nécessaires, et tout ce qui dépasse le nécessaire à cet égard ne peut être que nuisible.

Il résulte de ce qui précède que nous ne pouvons nous déclarer satisfait des dispositions prises à la fin des opérations du 31 juillet. Nous n'avons eu en aucune façon l'intention de tracer un pur tableau de fantaisie, mais nous avons voulu montrer comment on est conduit à adopter des mesures souvent fâcheuses ou tout au moins insuffisantes, quand on ne se préoccupe que de la situation immédiate qu'on a sous les yeux, sans tenir compte des intérêts généraux et de la situation doublement importante d'une division de cavalerie qui opère isolément.

Nous aurions préféré la position des avant-postes et la répartition suivante :

Escadrons avancés.

Vers Tombach : un escadron du 1er dragons.
Vers Wintzenbach : un escadron du 1er hussards.

Colonne de droite.

Avant-garde, brigade de dragons, formant deux détachements d'avant-postes, savoir :

Détachement de droite : 2 escadrons du 2e dragons, ayant des avant-postes sur la droite et le long du ravin d'Ingolsheim, et gardant le village et le chemin de fer. Le gros de ces avant-postes, environ 4 pelotons, à Riedseltz.

Détachement de gauche : 1 escadron du 1er dragons, couvrant le terrain avec 2 grand'gardes sur une ligne qui partirait du pont du chemin de fer d'Ingolsheim et longerait la lisière sud d'Ober-Seebach, à cheval sur la chaussée de Fort-Louis.

Le reste, 2 pelotons, dans la partie nord d'Ober-Seebach.

Gros de l'avant-garde : 2 escadrons de chaque régiment de dragons, à Riedseltz-Oberdorf.

Gros de la division : Brigade de grosse cavalerie et la batterie à cheval, à Altenstatt.

Colonne de gauche.

Avant-garde. — 3 escadrons du 1er hussards, à Siegen, avec grand'gardes en avant et piquets en arrière.

Gros. — 2e régiment de hussards et batterie à cheval, à Schleithal.

———————

En résumé, nous voyons que la conduite de la division a laissé beaucoup à désirer dans ces premiers jours d'opérations. Les fautes qui ont été commises sont assez fréquentes au commencement d'une campagne. La théorie peut poser des principes abstraits, mais dans la pratique et dans chaque cas particulier, on se trouve en présence d'exigences diverses à toutes lesquelles on ne peut satisfaire à la fois, et il n'y a qu'un coup d'œil militaire exercé qui puisse apprécier celle qui doit l'emporter. En temps de paix, on peut certainement former le coup d'œil militaire par des exercices pratiques, mais ces exercices, au point de vue de l'emploi stratégique des masses de cavalerie, ont été jusqu'ici et à peu d'exception près fort insuffisants. Nous répéterons donc encore une fois : les généraux de cavalerie ne peuvent, en aucune façon, se contenter d'aperçus généraux sur la matière ; ils doivent s'étudier à se placer dans les situations les plus diverses et se procurer ainsi toutes les données théoriques indispensables pour agir convenablement dans un cas donné ; des exercices dirigés avec intelligence leur donneront la pratique nécessaire.

Les fautes commises le 31 juillet par la division de cavalerie qui fait l'objet de cette étude, sont imputables en grande partie au peu de développement de ces exercices en temps de paix et pour une part aussi aux caractères spéciaux de ces exercices.

Si nous résumons ces fautes d'une manière générale, on peut dire qu'elles se rapportent surtout aux points suivants :

1° La marche de la division ne répond pas à la situation d'une grande masse de cavalerie; il n'a été fait aucun usage d'escadrons lancés au loin et il semble plutôt que la marche ait été réglée comme cela se pratique pendant les manœuvres, où l'espace ne permet pas ces pointes à longue distance ;

2° En présence de circonstances imprévues, on a fait trop ou trop peu. Ainsi les mouvements sur la Lauter et ceux des 5 escadrons de la tête de colonne devant Riedseltz, produisent une perte de temps et un arrêt inutiles, tandis que, d'un autre côté, la division, après avoir franchi la Lauter, se met tout entière à la poursuite d'un seul escadron ennemi et va ainsi plus loin qu'on ne se l'était proposé ;

3° Les avant-postes ont été organisés, ainsi que les bivouacs, d'après les mêmes errements que dans les exercices de détachements en temps de paix et ne répondent pas aux exigences de la situation spéciale d'une masse de cavalerie isolée.

. Nous ne voulons pas dire que ces mêmes fautes seront toujours commises au début d'une campagne; mais si celles-là ne se produisent pas, il s'en commettra d'autres que l'expérience de la guerre seule pourra faire disparaître successivement dans le courant de la campagne et qui ne peuvent être prévenues que par la réflexion, l'étude et les exercices du temps de paix.

Les dernières dispositions prises par la division après l'installation des bivouacs, les différents rapports qu'elle a reçus et les autres événements de la journée ont été exposés dans le texte.

Nous avons vu comment l'approche d'une simple reconnaissance de l'ennemi a mis toutes les troupes en émoi, et cela, parce que ces troupes étaient campées tout près les unes des autres. Il en sera souvent ainsi dans les premiers jours des hostilités, en raison de la surexcitation générale et de la nouveauté relative des situations auxquelles on n'est pas encore habitué. Tout cela se calmera peu à peu avec le temps. Cependant, pour éviter dès le début tout désordre et tout dérangement inutile, il faudra tenir sévèrement la main à ce que les ordonnances qui apportent des dépêches ne les remettent qu'aux officiers qu'elles concernent et ne racontent pas à tout le monde ce qui se passe aux avant-postes, etc.

Lorsque les mouvements sont complétement terminés, on doit faire un rapport au grand quartier-général sur le résultat de la journée, en lui indiquant la position de la division et en lui transmettant les renseignements qu'on possède sur l'ennemi. Ce rapport doit se faire par écrit et d'une manière concise; on en enverra un extrait par le télégraphe, si l'on en a un à sa disposition. Il faut interroger aussi les prisonniers faits pendant le combat; on rassemble ensuite, quand tout est terminé, les renseignements qui résultent de leur interrogatoire. En les comparant avec ce qu'on a eu sous les yeux et avec ce qu'on a appris des habitants, la division peut se faire une idée de la situation et de la position de l'adversaire. On fait connaître en même temps le résultat au grand quartier-général.

Mais il faut bien se garder de donner comme certaines des conclusions qui ne paraissent pas encore suffisamment justifiées. Il en est beaucoup qu'il ne faut accepter que comme des probabilités, qui ne se définiront que plus tard. Ainsi, par exemple, on savait en ce moment que le 7ᵉ chasseurs avait déjà détaché un escadron à Strasbourg; la colonne de droite avait aperçu dans la journée 3 escadrons du même régiment; on avait signalé la présence d'un 4ᵉ sur la route de Lauterbourg. On était donc autorisé à conclure que ce dernier n'était autre que l'escadron du même régiment détaché à Strasbourg. Par conséquent, on pouvait bien admettre que l'adversaire ne disposait pas encore de beaucoup de cavalerie et qu'il n'était pas besoin de toute la brigade de hussards du côté de Seltz et de la route de Lauterbourg.

On verra dans la suite du récit combien était fausse cette conclusion, cependant juste en soi, et comment le 4ᵉ escadron du 7ᵉ chasseurs était bien loin de se trouver sur la route de Lauterbourg. Quant aux renseignements à communiquer dans l'intérieur même de la division, il est évident que la brigade détachée et le gros de la division doivent s'informer réciproquement de tous les événements importants et de la position qu'ils occupent respectivement, une fois les mouvements terminés. La brigade de hussards n'a pas fait tout ce qu'il fallait à cet égard, ainsi que le constate la dépêche que lui a adressée le général de division dans l'après-midi. La colonne de droite n'est pas non plus sans reproche; il est bien évident que les petites fractions doivent être subordonnées aux plus grandes, mais c'est à celles-ci qu'il appartient de faire prendre les dispositions nécessaires pour l'établissement et le maintien des communications et pour la transmission de tous les renseignements dont on a besoin.

Il est hors de doute que la brigade qui s'est portée au sud de la Lauter a dû se relier avec les hussards ou du moins avec leurs patrouilles, au moyen de patrouilles envoyées par le 4ᵉ escadron du 1ᵉʳ dragons à partir de Saint-Remy et plus loin, par le 4ᵉ escadron de uhlans, mais le commandant de la division n'en reçoit aucun avis précis.

Cela arrivera souvent: une masse de renseignements importants se fondent peu à peu en passant par les divers échelons de la hiérarchie. Aussi faut-il exiger que tout avis émanant de troupes détachées parvienne toujours à l'officier qui a ordonné le détachement, quand même cet avis ne ferait que constater que sur un certain point l'on n'a vu aucune troupe, amie ou ennemie. Les deux escadrons dont il vient d'être question devaient, par conséquent, informer la brigade aussi bien que la division. Mais inversement, l'escadron de uhlans qui était à Saint-Remy, n'avait aucun avis à envoyer à son régiment, puisqu'il n'avait pas été détaché par lui. L'ordonnance aurait pu, du reste, courir longtemps de tous côtés avant de trouver son colonel, qui se trouvait en ce moment à Wissembourg, et l'avis serait alors arrivé quelques heures trop tard à sa destination, en suivant ainsi la voie hiérarchique.

C'est un sous-officier, accompagné de 2 ordonnances, qui porte la première dépêche destinée à la brigade de hussards. Il était inutile d'y employer plus de monde, puisque le terrain qu'ils avaient à parcourir était complétement battu par la division. Du reste, il ne faut pas abuser des officiers pour des missions de ce genre, le nombre de ceux dont on dispose n'est pas bien grand et on doit les réserver pour les missions plus importantes ; de plus, les ressources en officiers ne tarderont pas à faire défaut et l'on ne pourra pas toujours en employer, quand il faudra voir par soi-même ou quand des explications verbales seront nécessaires. Mais pour y remédier, il faut dresser avec soin les sous-officiers et les mettre à même de remplir avec intelligence ces sortes de missions secondaires. Il est très utile, à cet effet, qu'ils sachent lire une carte ; on ne peut certainement pas leur confier des feuilles de la carte de l'état-major, mais on fera bien de leur donner ou de leur faire faire un croquis, indiquant exactement le chemin qu'ils ont à parcourir pour porter leur dépêche. Celle que la 3ᵉ brigade envoie le soir présente une lacune qui mérite toute notre attention. On y lit, en effet, que, d'après le dire des habitants, Nieder-Roderen et la forêt qui se trouve au nord de Seltz sont occupés par l'ennemi. Il semble d'après cela que les hussards se sont contentés de ce renseignement ; s'il en était ainsi, ils auraient commis une faute grave. On ne doit se contenter des renseignements de ce genre, fournis par les habitants, que dans le cas où les points en question seraient trop éloignés pour les atteindre dans le moment,

15

par exemple, s'il s'agissait des environs de Strasbourg. Mais du moment qu'il s'agissait de Nieder-
Roderen et de la forêt de Seltz, on pouvait encore
constater par soi-même la valeur du renseignement et, en tout cas, il fallait le tenter. Si l'on
n'apprenait rien de plus jusqu'au moment de
faire partir la dépêche, il suffisait d'indiquer
qu'on avait pris les mesures nécessaires pour
s'éclairer complétement à ce sujet et le commandant de la division aurait été ainsi assuré que les
hussards avaient fait tout ce qu'il fallait pour
remplir leur mission.

Quand les renseignements qu'on reçoit sur
l'ennemi se rapportent à des distances qu'on peut
atteindre, il faut prescrire immédiatement de
s'assurer de leur exactitude.

L'ordre pour le lendemain est donné par le
général de division lui-même aux généraux ras-
semblés autour de lui. C'est là une mesure utile
et à recommander, pour éviter des malentendus
et permettre aux commandants des troupes de
s'initier complétement aux intentions du général.

Disons encore un mot des retards qu'aurait pu
souffrir la marche de la division, si l'ennemi
avait détruit les ponts de la Lauter, et surtout
ceux de Riedseltz et d'Ingolsheim. Dans ce dernier cas, il aurait pu rester tranquillement en
face de nos avant-postes, en se couvrant contre
notre artillerie à la faveur des hauteurs voisines.

Il arrivera bien rarement qu'on détruise ainsi
les communications sur une grande étendue ; on

n'en a pas toujours le temps et souvent on manque du matériel nécessaire.

Il semble alors qu'il serait utile de donner un détachement du génie à la division de cavalerie, mais on ne peut pas plus embarrasser la cavalerie avec des voitures qu'alourdir ses mouvements avec des troupes à pied. Pour que le génie puisse être utile, il faut qu'il commence ses travaux de bonne heure ; il devrait donc se tenir à l'avant-garde de la division, et là on ne peut l'employer lui et ses fourgons ni à pied ni en voitures. On ne donnera donc du génie à la cavalerie que pour des buts spéciaux, quand il s'agira, par exemple, de construire de grands ponts pour les corps d'armée qui vont suivre. Il importe peu pour la cavalerie qu'elle cherche un autre passage une demi-lieue plus haut ou plus bas ; elle pourra, du reste, traverser sans difficultés bien des cours d'eau que l'infanterie aurait peine à franchir.

La cavalerie doit se rendre indépendante et pouvoir se suffire à elle-même à cet égard. Chaque année, un certain nombre d'officiers et de sous-officiers d'infanterie sont exercés au service du génie de campagne ; il serait tout aussi impor-tant de donner une semblable instruction à des officiers et à des hommes de la cavalerie, en la limi-tant à quelques parties du service.

La cavalerie de l'armée du sud.

Avant d'en finir avec la journée du 31 juillet, il est intéressant de jeter un regard sur la conduite de l'armée du sud, telle qu'elle résulte des événements qui ont eu lieu jusqu'à présent.

On est à peu près certain, d'après le bruit public et les renseignements recueillis chez les prisonniers, que les masses que l'ennemi rassemblait à Strasbourg n'y étaient pas encore toutes concentrées le 25 juillet et qu'une fraction assez considérable de ces forces, probablement une division d'infanterie, avait été portée jusqu'à Haguenau.

La position de ces troupes loin de la frontière pouvait venir de ce qu'elles n'étaient pas encore organisées, mais peut-être aussi l'ennemi avait-il l'intention de tenter le passage du Rhin vers Strasbourg. Dans le fait, 5 escadrons du 7e chasseurs se sont portés au delà de la forêt de Haguenau pour éclairer le pays du côté de la frontière. L'un de ces escadrons avait cantonné à Ingolsheim, les deux autres probablement à Soultz.

Le 1er de ces escadrons s'est porté chaque matin, pendant plusieurs jours, jusque vers la Lauter, probablement quand il était prévenu par ses patrouilles de l'approche des reconnaissances de uhlans du 5e corps. Aujourd'hui même il avait encore attendu le débouché du gros de la division de cavalerie. Si l'on n'avait détruit aucun des ponts de la Lauter, cela tenait peut-être à ce qu'ils sont trop nombreux ; peut-être aussi manquait-on des moyens nécessaires, ou même l'armée du sud avait-elle l'intention de s'en servir pour prendre l'offensive vers le nord.

En présence de la masse de cavalerie qui mar-

chait à lui, l'escadron se maintint longtemps avec
une certaine audace au sud d'Altenstatt; il est
vrai que le terrain lui était très favorable; en
tout cas, le remblai du chemin de fer empêchait
toute surprise sur son front. A défaut même de
cet obstacle, il pouvait toujours se retirer assez
vite pour ne pas être atteint par l'adversaire. Il
est clair que, si les circonstances étaient toujours
aussi simples, tout escadron isolé pourrait rester
impunément en face d'une masse de cavalerie
ennemie; mais il n'en est pas ainsi. Il peut très
bien n'avoir rien à craindre de la cavalerie qu'il
a en face de lui, mais les flanqueurs de cette
cavalerie, ou les colonnes voisines, si l'on marche
sur un grand front, pourront lui faire courir un
danger sérieux. La zone d'exploration d'un escadron est très restreinte; il doit toujours rester lié
à son gros et ne peut détacher qu'à peu de distance
quelques pelotons avec des patrouilles. Si une
seule de ces patrouilles est repoussée, sa retraite
sera compromise; le dénouement de la situation
devant Altenstatt montre que l'escadron n'eut que
le temps d'échapper au danger qui le menaçait.

Forcés de se retirer, les chasseurs essayent encore de résister au défilé d'Ingolsheim. Mais malgré le renfort de 2 escadrons accourus aussitôt à
leur secours, ils sont de nouveau obligés à une
retraite précipitée par le feu de l'artillerie qui les
prend en flanc et par le mouvement tournant
d'un escadron de dragons. Ils ne peuvent déjà
plus se retirer directement par la grande route et

un de leurs escadrons est forcé d'accepter le combat malgré lui.

Une troupe aura toujours le désavantage devant
un adversaire supérieur en nombre qui le prendra
en flanc. Si cette troupe est un détachement d'infanterie assez fort, il y aurait lieu de tenir compte
de la force de résistance de cette arme, qui lui
permet généralement, malgré son infériorité numérique, de gagner assez de temps pour pouvoir
encore exécuter sa retraite, quoique avec des
sacrifices; mais il en est tout autrement pour la
cavalerie dans le service d'exploration. La résistance d'une petite troupe repoussée peut être brisée
en un instant et le mouvement tournant de l'adversaire produit alors tout son effet.

Aussi, en pareil cas, celui qui aura le désavantage du nombre fera bien de ne garder le contact
avec l'adversaire que par des patrouilles et de
tenir son gros le plus loin possible des principales
forces de l'ennemi. Il faut conseiller aussi de ne
pas envoyer ses troupes d'observation sur une
seule route, mais sur tous les chemins principaux
par où l'ennemi peut se présenter, et, par conséquent, de porter en avant plusieurs escadrons sur
un grand front.

Il faut dire aussi que la nature du terrain, les
relations avec les habitants, ainsi que la connaissance des procédés ou du talent de l'adversaire
permettront souvent de se montrer audacieux
dans sa marche. Mais il ne faut pas nous laisser
aller aux illusions que pourraient faire naître

quelques exemples isolés de la dernière guerre et croire qu'il faudra toujours agir de même dans des situations analogues. En face d'un ennemi entreprenant et sachant employer sa cavalerie, une pareille manière d'agir pourrait bien ne pas toujours rester impunie. A en juger par la position des avant-postes, le régiment de chasseurs aura dû finir par se retirer au delà de Soultz, c'est à dire, à environ 2 lieues des avant-postes de la division de cavalerie.

FIN DE LA PREMIÈRE PARTIE.

Planche 1.

Carte d'ensemble
pour les mouvements de la
1re Division de cavalerie.

Neustadt
SPIRE
Edenkoben
GERMERSHEIM
LANDAU
Hardt-Mont.gne
Klingenmünster
Rhein-zabern
Bergzabern
Langenkandel
à Stürzelbronn et
à Bitche
Wissembourg
Vôsges
Lauterbourg
Worth
Reichshofen
Selz
Soultzsous...
HAGUENAU
BISCHWILLER

Echelle de 1 : 300,000
six lieues

Remarque: 1.2. Places d'alarme de la 1re division de cavalerie.

Verdy du Vernois II.1.

C. Muquardt. Bruxelles.

ORDRE DE BATAILLE

DE LA 1ʳᵉ DIVISION DE CAVALERIE.

———

Commandant la division : général de division A.
Chef d'état-major : Commandant V.
Aides de camp : 1º capitaine P. — 2º lieutenant en 1ᵉʳ G.

1. *Brigade* : général de brigade B.

Aide de camp : lieutenant en 1ᵉʳ R.
1ᵉʳ régiment de cuirassiers : lieutenant-colonel E.
1ᵉʳ id. de hulans : colonel F.

2. *Brigade* : Général de brigade C.

Aide de camp : lieutenant en 1ᵉʳ S.
1ᵉʳ régiment de dragons : colonel G.
2ᵉ id. id. : commandant H.

3. *Brigade* : général de brigade D.

Aide de camp : lieutenant en 2ᵉ T.
1ᵉʳ régiment de hussards : colonel J.
2ᵉ id. id. : lieutenant-colonel K.

Artillerie à cheval (du 5ᵉ régiment).
Commandant L.
2ᵉ batterie à cheval : capitaine M.
3ᵉ id. : capitaine O.

Moitié du 3ᵉ *détachement sanitaire* du 5ᵉ corps d'armée.
Médecin-major D.
Convoi de vivres nº 1 du 5ᵉ corps d'armée.
Lieutenant P.

TOTAL : 24 escadrons et 12 pièces.

Remarque : Les régiments sont tous à 4 escadrons, les batteries à 6 pièces.

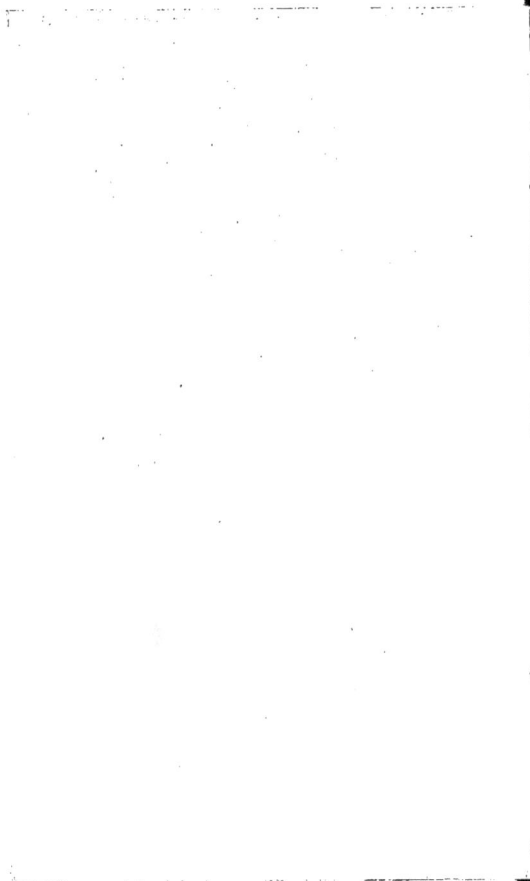

CARTE
du
Terrain entre la Lauter
et
la forêt de Haguenau.

Verly du Vernois II. 1.

C. Muquardt à Bruxelles.

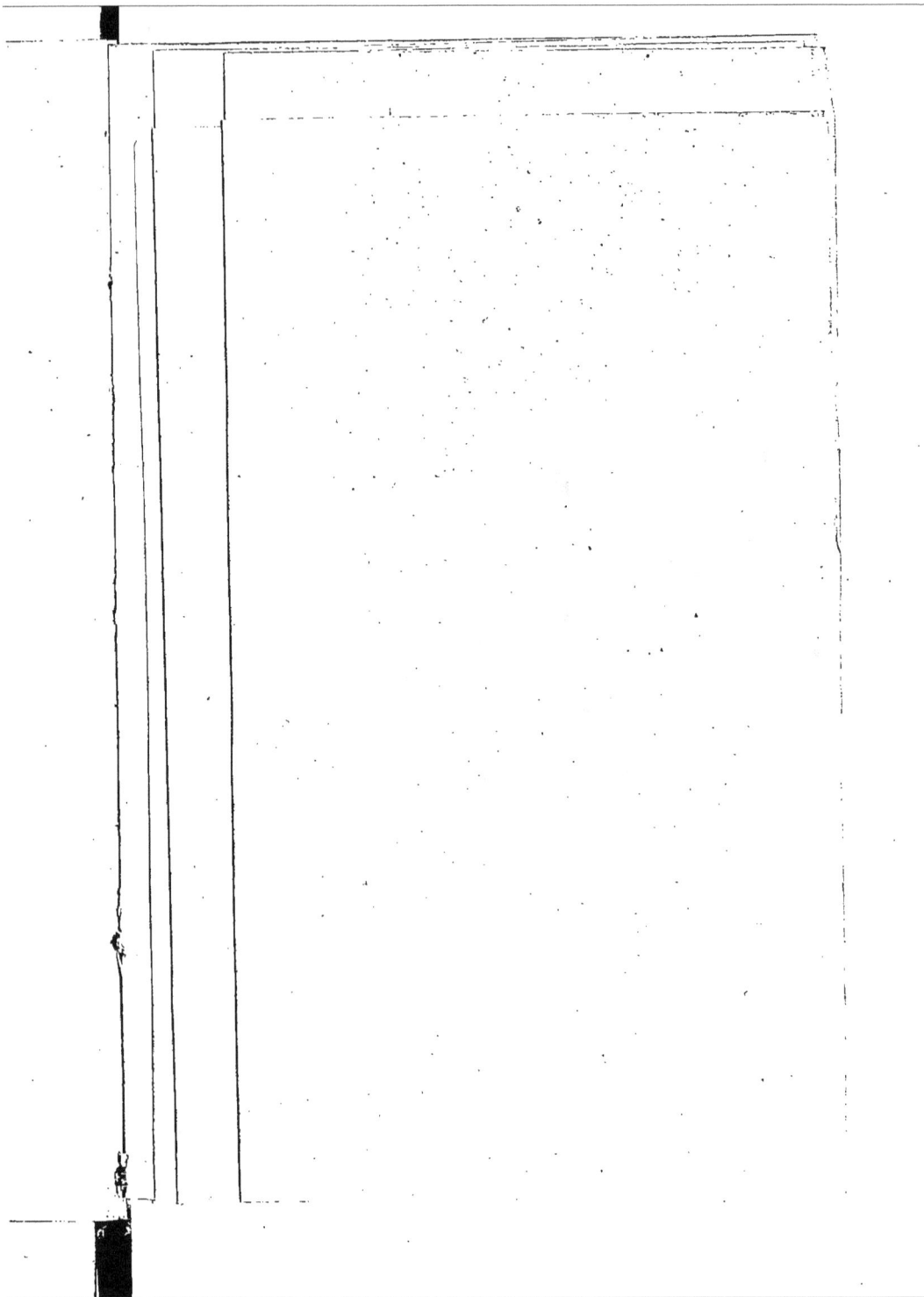

Croquis 1. **La Division à 9^h 30^m du matin.**

Croquis 2. **La Division à 10^h 30^m du matin.**

Nota: 3 escadrons du 1er Dragons
en ce moment, encore à Wissembourg.

Croquis 3. **La Division à 11^h 20^m du matin.**

Verdy du Vernois II.1.　　　　　　C. Muquardt. Bruxelles.

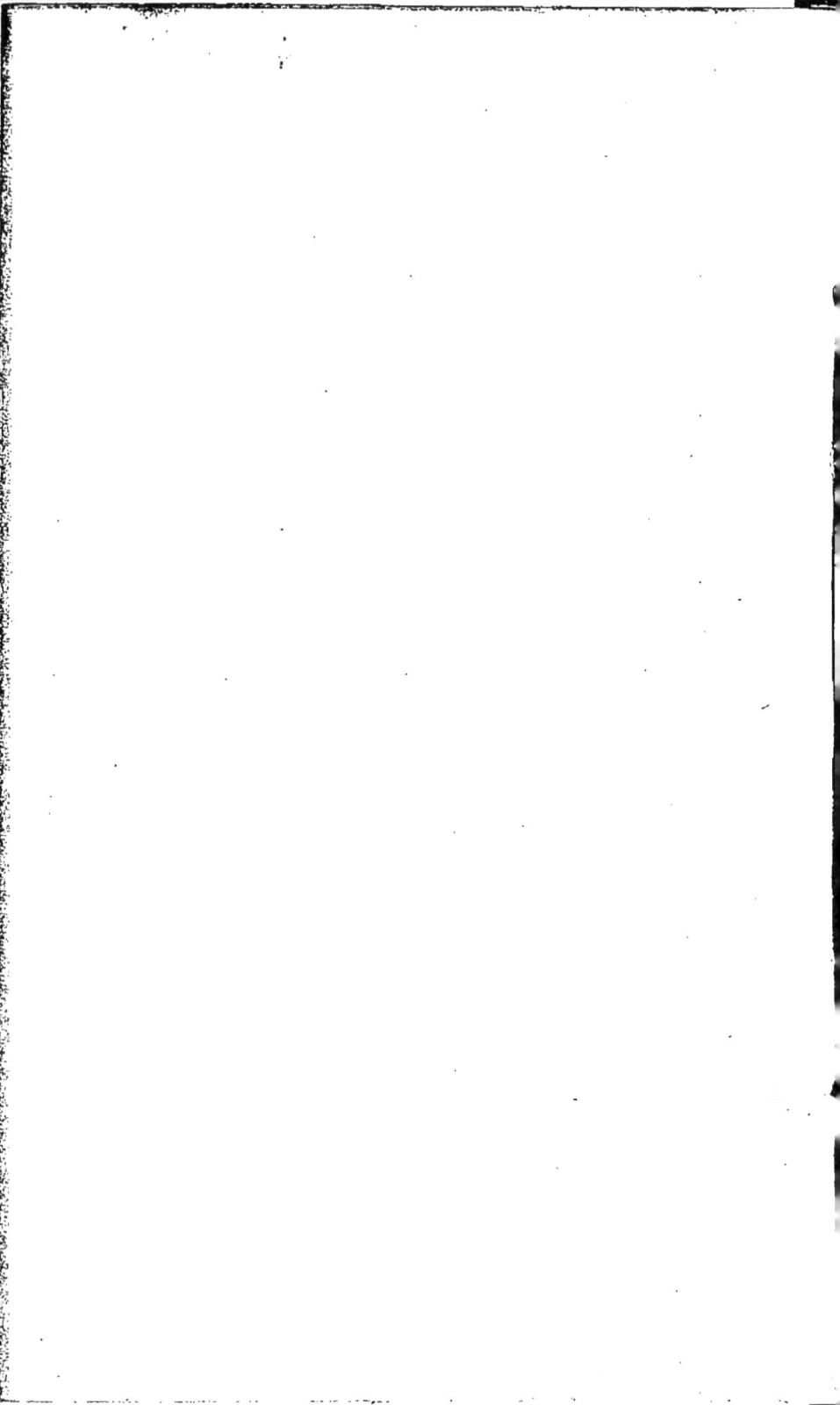

ORDRE DE MARCHE PROPOSÉ POUR LA COLONNE DE DROITE

APRÈS QU'ELLE AURA DÉPASSÉ LES AVANT-POSTES DU 5ᵉ CORPS D'ARMÉE.

Escadrons d'éclaireurs : 1ᵉʳ et 4ᵉ escadrons du 1ᵉʳ régiment de dragons.

| ..300. | 50 | ...400.. | ....400... | .....600... | ....857......... | ......506...... | ....800....... | ....857....... | 40 | .....657...... | ...400... | ..200 | .300. | 50 | ..300. | pas.

Pointe.   4ᵉ pelᵒⁿ.   3 pel.

2ᵉ escad.   3ᵉ escad.   1ᵉʳ, 2ᵉ, 3ᵉ, 4ᵉ esc.   1ᵉʳ, 2ᵉ, 3ᵉ, 4ᵉ escad.   1ᵉʳ, 2ᵉ, 3ᵉ escad.   4ᵉ escadron.
1ᵉʳ rég. de dragons.   2ᵉ rég. de drag.   2ᵉ batt. à cheval.   1ᵉʳ rég. de uhlans.   2ᵉ rég. de cuirassiers.   1ᵉʳ rég. de cuirassiers.

Pointe d'avant-garde.
(Vorhut)   Gros de l'avant-garde.

Avant-garde : Brigade de cavalerie légère.   Gros de la division : Brigade de grosse cavalerie.   Arrière-garde.

Longueur de la pointe à la queue : 6717 pas.
Déploiement par brigade sur deux lignes à 300 pas de distance, sur l'escadron de tête, au trot : 20 minutes.

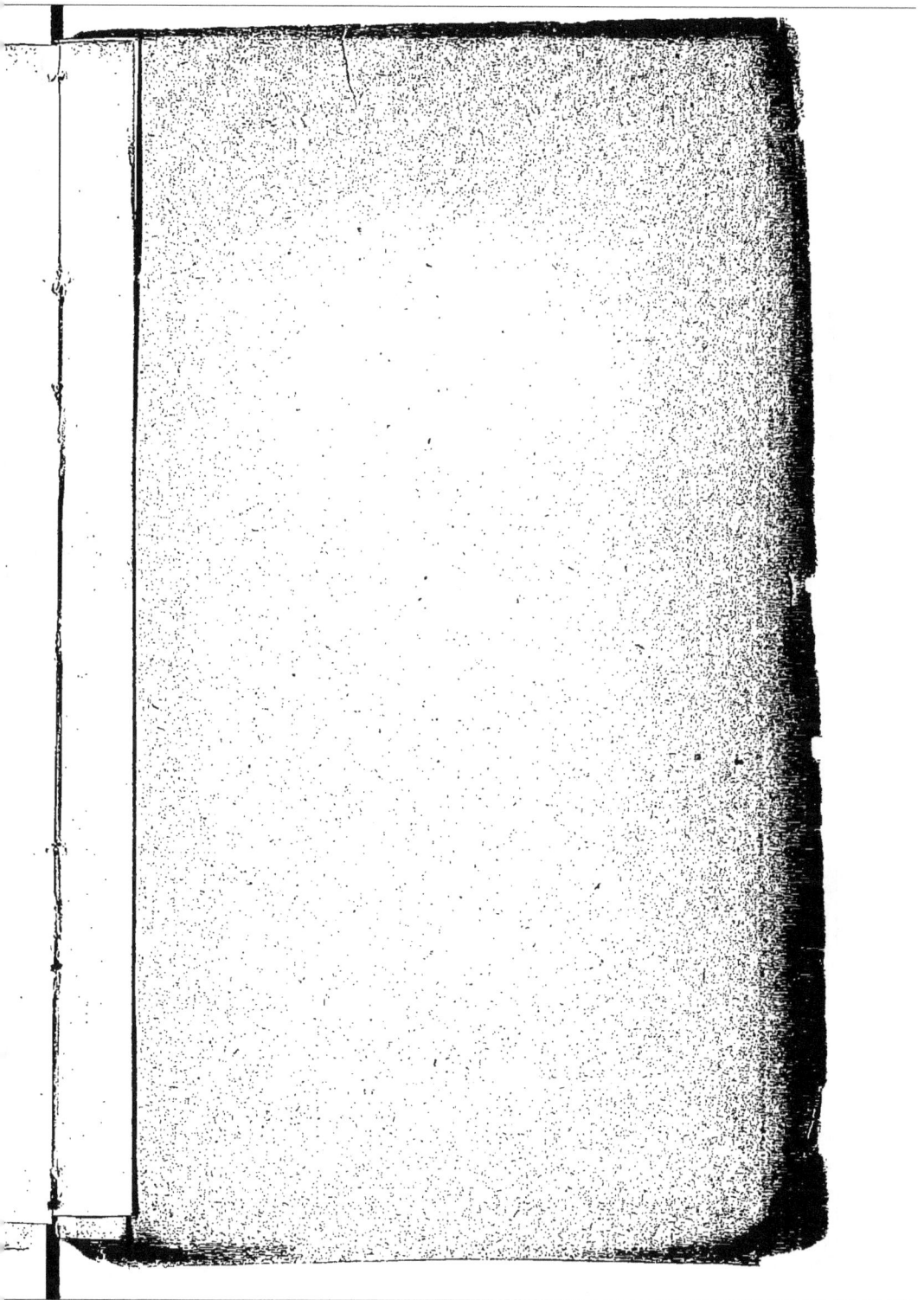

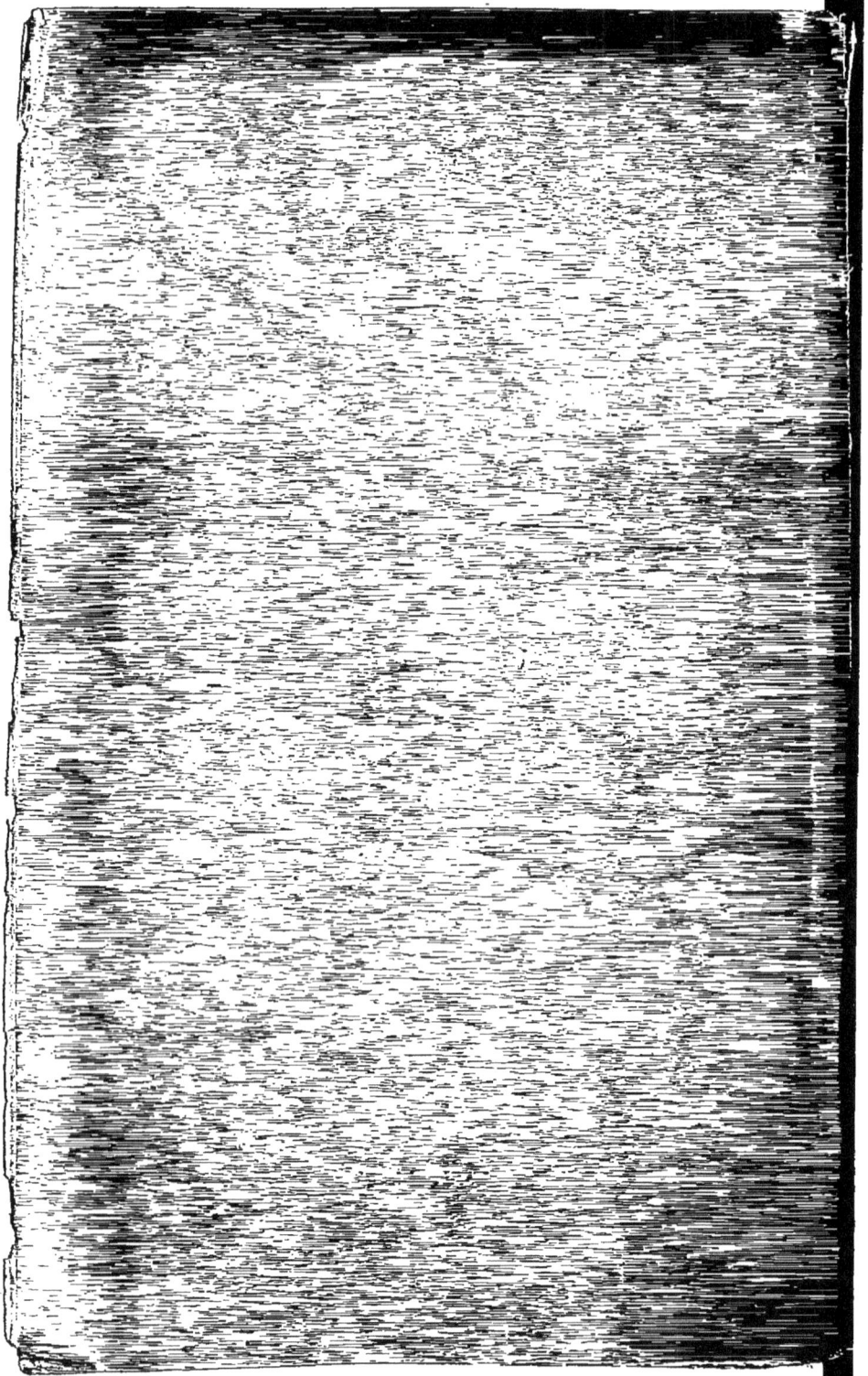